トヨタの社員は机で仕事をしない

職場が変わる、成果があがる!

若松義人
Wakamatsu Yoshihito

PHP新書

まえがき

会社の中に「お役所仕事」がたくさんある、と言う人がいる。間接部門のデスクワークのことだ。

生産を行なう直接部門は、工場などで一分一秒を効率化し、一円一銭のコスト削減を毎日続けている。その目から見れば、デスクワークはあまりに非効率的だと言うのである。また、間接部門に、直接部門をサポートして会社全体の競争力を伸ばそうとする意識が薄すぎるという意味もある。

たしかにそうだ。自分の仕事を振り返って、ムダな会議や書類作業の多さ、部門の連携の悪さ、経営資源の浪費などを感じない人はいないだろう。改善のスピードも遅く、直接部門の努力を帳消しにしている場合もしばしばだ。

以前、経済協力開発機構（ＯＥＣＤ）のデータから労働生産性を国別に比べた新聞記事を見た。アメリカを一〇〇とすると日本は七一で、ユーロ圏の八七にも、ＯＥＣＤ加盟国平均七五にも劣っていた。そんな数字を重視する気はないが、これも間接部門が足を引っ張っているからだと思いたくなる。

その一方で、間接部門にはムリも目につく。一時流行した成果主義がそうである。組織の極端なフラット化などもそうだろう。

「机に向かっているだけではダメ。生産も利益も上がらず、発想も狭くなる」とだれもが思っている。抜本的な改革の必要性も理解している。だが、組織風土もワークスタイルも異なる欧米流を直輸入してしまったため、かえって士気をくじき、「仕事がキツくなった」という禍根ばかりを残す結果になった。

トヨタ式には、そんなアンバランスはない。けれど、トヨタ自身も、トヨタ式の導入企業も、間接部門改革を猛烈に進めつつある。そうしなければ、戦える競争力がとても身につけられないからだ。

トヨタ式で間接部門改革を進めるキーワードは「間接部門は直接部門にどんなサービスを提供できているか」という問いかけだ。ここから、改善に絶対必要な「だれのために、どのように」が見えてくる。

たいていの仕事は自工程だけでは完結せず、後工程がある。トヨタ式では、この関係を重視し「前工程は神様、後工程はお客様」と言って、自分の後工程をお客様だと考える。「だれのために」は「お客様である後工程のために」という視点が明快である。だから、お客様である直接部門に満足のいくサービスは「どのように」あるべきかも具体的に見えてくる。

本書は、とかく非能率なデスクワークを直接改善するヒントを示すとともに、会社の全体最適の観点から、間接部門はどうすれば直接部門と最善の関係が保てるかを解明したものである。

近年、トヨタ式はモノづくりの現場にとどまらず、サービス業や医療現場、あるいは「お役所仕事」にまで取り入れられ、あらゆる業種、業界で効果を発揮している。それは「お客様のためには、どのように？」という視点があるからだ。お客様を無視した改善は、トヨタ式ではなく、ただの「改善ごっこ」となりやすいこともお断わりしておく。

明快な視点と、自分の知恵、工夫によって行なうトヨタ式改善は、仕事意識を「今日もなにもなくてよかったね」から、「今日も変化があってよかったね」に脱皮、成長させてくれる。

意識が変われば仕事のやり方は格段に変わるし、やりがいが実感としてつかめてくる。こうして間接部門が変われば、会社全体が、より競争力があって働きやすい場所になることができる。

間接部門と直接部門は、お客様のために、ともに「いいモノを、より早く、より安くつくる」仲間だ。その意味で差はない。ただ、デスクワークの多い間接部門の人は、とかく「知識の人」となりがちなのも事実だ。ぜひ、「知恵の人」「実行の人」となって、競争力の強化に励んでいただきたい。

カルマン株式会社　若松義人《わかまつよしひと》

目次＊トヨタの社員は机で仕事をしない

2章　慢性「人手不足感」の解消

「やったら」と「やめたら」の発想バランスをとる

3章　書類と情報「過剰」の改善

「必要なら」でなく「毎日」現場に足を運ぶ

4章　ラインとスタッフ「密接力」の強化

知識より「意識」で組織をまとめていく

「上司のため」「会社のため」を根絶せよ

[編集協力]桑原晃弥／アールズ＊吉田宏

1章　「低効率」デスクワークの改革

個別のムダより「全体のムラ」から改善する

1 なぜあなたはそんなに事務にしばられてしまうのか

「私の目標は、自分の仕事がなくなるまで改善し続けることです」

何年か前、トヨタの間接部門の社員が言った言葉である。

「でも、仕事がなくなったら困るだろう」

「そのときはまた別の仕事を見つけて、それを再び改善するから、かまいません」

間接部門（スタッフ、事務）と、直接部門（ライン、生産現場）とを対比した考え方として、まことに的《まと》を射ていると思ったものだ。

一般に「仕事だ」と考えられている動きや時間の中には、必ず多くのムダがあるものだ。

よく知られているのは、つぎの「八つのムダ」である。
①つくりすぎのムダ……必要でないモノを必要でないときにつくる
②手待《ても》ちのムダ……他工程が終わらなければ自分の作業が始められない

③運搬のムダ……遠くに取りに行ったり、積み直したり、仮置きしたりする
④加工そのもののムダ……過剰な書類、二度手間、なんとなくやっている作業など
⑤在庫のムダ……過剰在庫、不十分な在庫、不要なモノの貯蔵など
⑥動作のムダ……探す、数え直す、ただ動きまわるなど、付加価値を生まない動作
⑦不良をつくるムダ……不良品の製造、手直し、修理など
⑧産業廃棄物のムダ……ゴミや廃棄物を処理する人手、費用、時間など

また、作業者の動きは、左のように「作業」と「ムダ」に分かれる。作業も、付加価値をつける「正味作業」とそうでないものに分かれる。

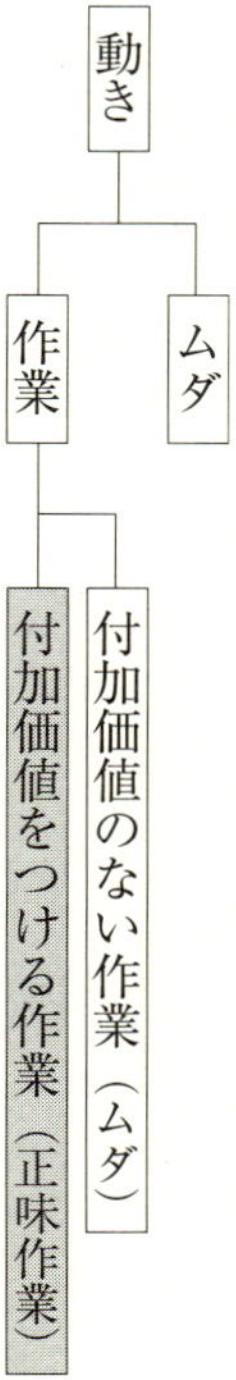

付加価値を高め、工程を進める「正味作業」だけが本当の仕事だ。そのほかは、いくら一生懸命にやっても、本人が「必要不可欠だ」と判断しても、かけた時間と手間とお金は、しょせんはムダにすぎない。

トヨタ式では、こうした「仕事のようで仕事ではない」ムダを見つけ、一つ二つと改善していく。そうすることで、たとえば三人がかりの仕事が二人でできるようになり、ついには一人でできるようになる。それらを継続し、蓄積して、直接部門なら「原価一円になる」ことを目ざす。

ただ、直接部門の改善はわかりやすく数値化しやすいのに対し、デスクワークの多い事務、管理、育成、サービスなどの部門では、ムダが見えにくい。工程が進んでいるのか、付加価値をつけているのかが、本人もわかっていないことがしばしばだ。だから、直接部門以上に「これは本当に『仕事』なのか」をみずから問うことが大切になる。「原価一円」どころか、「自分の仕事がなくなる」ほどの勢いで仕事を見直し、改善することが必要だ。

間接部門を多能工化する

「当社で間接部門と呼べるのは私と秘書くらいにしたいですね」

これは、間接部門改革を進めているA社の社長が、将来の目標として言った言葉である。これは、人員の大幅削減という意味とはまったく異なる。間接部門の人たちも、「光りもの」（独自技術）を身につけて、他流試合（社外での活躍）ができる人財になってくれればいいという思いだ。こう話している。

「日本企業の成長のカギは、補助部門費と一般管理費（などの間接費）にあります。これが肥大化したままでは、いくら生産改革を推し進めても、なかなか競争力はついてきません。当社は間接部門の人も、それぞれがプロフィットセンター（利益責任単位）になる可能性を秘めています。環境担当者なら環境コンサルタントとして稼げるし、安全や衛生を担当している人たちも同様です。すべての人が光りものを身につけて、少しずつプロフィットセンター化していけば、間接費の削減などする必要はありません」

間接費の削減というと、リストラや強引な配置転換によって人減らしをするケースが多い。

しかし、少人数でもできるように業務を標準化（少数化、単純化、秩序化）したり、多能工（一人で複数の作業や工程をこなせる人間）化を進めたりしたうえならまだしも、そうした準備なしに人減らしだけを進めると、企業体力が奪われる。残った人間に過度の負担がかかるし、配置転換された人間も新部署に対応できないままに退社に追い込まれることが少なくないからだ。

派遣社員やアウトソーシングを徹底して進める場合も少なくないが、行きすぎるとかえって効率を下げる。会社のビジネスノウハウが継承されなくなり、人が育たなくなってしまう。

そうではなく、間接部門の人間が、他流試合ができるほどの能力を身につける。するとビジネスチャンスが生まれ、いわゆる間接部門とは違う存在に変わることができる。

そのためにA社は、自社の生産改革を進める過程で、協力会社の改善力強化のお手伝いを積極的に推進した。

協力会社の多くは社員数が少なく、改善やトヨタ式のノウハウもなければ、それを専門に担当する人財もいない。そこにA社の社員を送り込んだのである。短くても一週間、長いときは数カ月をかけてじっくりコンサルティングする。

最初はA社の社員も戸惑うことが多かったが、場数を踏むにつれ、どうすればみんなが納得して動いてくれるかを会得するようになった。こうして「他流試合ができる人財」へと成長したのである。今ではあちこちの企業からコンサルティングを依頼され、ビジネスとして請負うまでになっている。

かつてA社は「このままでは赤字転落必至」と言われ、グループ全体のお荷物会社だった。だが、トヨタ式をベースとする改革で、直接部門ではグループトップの品質を確保できるまでになった。それと並行して、間接部門でも、少人化、活人化という難題をクリアしたのである。そのかいあって、利益率は二倍以上になっている。間接部門の人間が、一人で二役、三役をこなせる「多能工」となり、コスト競争力のある存在になったことで、利益率を大幅アップできたのである。

冒頭の「仕事がなくなるまで改善し続ける」という表現を大げさに感じる人は、トヨタ生産方式の生みの親と言われる大野耐一《たいいち》氏（元トヨタ自動車工業副社長）が間接部門について言った「前任者よりどれだけよくしたか、という努力がない」という言葉を、よく味わってほしい。

「たとえば『前任者が五十人でやっていた。オレが課長になったら四十人でやってやろう』という気持ちがあるかどうか。たとえ去年と同じ部署の課長であっても『去年は五十人必要だったのを、今年は四十五人にしたぞ』と。（多くのホワイトカラーは）そういう仕事の測り方をやらんのだね。『去年はちゃんとうまくいった。今年もうまくいった』といった調子だ。それじゃ、なにも進歩がないじゃないか」

summary

◎ 間接費を減らすには、能力を増やさせることだ

△ 間接費を減らすには、人を減らすのが近道だ

2 ムラこそムダの大量発生源

ムラ、ムリ、ムダの三つを合わせて「ダラリ」と言い、これらの排除が仕事の効率化には不可欠なのだが、では、「ダラリ」のどこに最初に着目するか。

トヨタ式では、こう言い習わしている。

「ムラがあるから、ムリをして、ムダが出る」

トヨタ系の自動車販売会社が、サービス部門のムダ取り（改善）を考えた。改善推進チームが現場に行って、どこかにムダはないかと目をこらした。すぐ目についたムダがあったので、こまごまと注意した。「人がいないのに電気がついている。こまめに消せ」とか、「水をムダに流している。蛇口《じゃぐち》を締めろ」「コピー用紙は裏まで使え」といったことだ。もちろん、これらも軽視できないムダではあるのだが、注意しているうちに、自分も現場も、なんだか気がめいってきてしまった。

「このままではいけない」と疑問を感じ、トヨタ式で成功している企業に行ってアドバイスを求めたところ、こう言われた。

「まず『ムダを探そう』とするから、そういうこまかいところにばかり目が行くんですよ。まず、仕事のやり方などの『ムラを探そう』とするといいですよ。ムラがあるから、ムリをして、ムダが出るわけですから」

言われてもう一度現場に出かけると、実にたくさんのムラが目についた。たとえば車の修理や点検だ。サービスマンによって、動き方や道具の使い方がまるでバラバラだった。当然、担当者しだいで修理の時間や日数が違い、料金まで微妙に違ってくる。そこから多くのムダが出て、お客様にまで迷惑をかけていた。

これまでは、そのバラつきを個々人の技量の差と考えていたが、実際にはトヨタ式の「標準作業」がなかったからにすぎない。ちなみに、標準作業とは、つぎの三つである。

①作業順序……もっとも効率的な作業手順
②標準手持《ても》ち……工程内の必要最少限の仕掛品《しかかりひん》（半製品）
③サイクルタイム……製品一つあたりの生産所要時間

改善チームは、さっそく改善に乗り出した。まず、一つひとつの業務の標準作業を設定した。道具や工具の標準化も進めて、経験の浅い新人でも短期間で一定レベルの仕事ができるようにした。店舗間のバラつき縮小のために、もっともすぐれたやり方である「チャンピオンマニュアル」を作成、最安価格を「チャンピオン価格」として情報の共有化をはかった。

ムダ探しの前にムラを探し、ムラがなくなるように仕事の方法や人員配置を変えることで、「ガミガミうるさくない」「効率的にムダ取りができる」の二つを実現することができた。同時に、もっとも大切な「お客様がどこのお店でも同じサービスを同価格、同時間で受けられる」体制が確立できたのである。

なお、改善のスタートは、一般につぎのような手順を踏む。
・改善推進チームの結成
専任者たちが組織的に主導する。専任ということもあってスタッフの立場となり、ラインとの調整が重要だ。なお、チームリーダーには、社長や副社長などの実力者が望ましい。
・改善推進計画の制定
最初の一年間は、「コスト半減」を目標にすることが多い。困難が知恵を生むからである。
・改善報告会、改善研修会の定期的開催
改善とはなにかという知識を得、現場で改善できる力を養い、計画の微調整を行なう。

まずムラを探すことで、改善チームはスタートから格段に進歩することができたのだ。

デスクワークへの平準化の導入

たとえば直接部門なら、Y工場では人があまっているのに、Z工場では忙しくて人が足りないという事態がしばしばある。このムラを放置すると、一方で人があまりながら、一方で人を雇うという大きなムダが出る。YZの工場間で人を柔軟に動かせればムダを防げるが、そのためには手順の標準化や、設備や工具をだれでもすぐに使えるように少数化、単純化しておく改善が欠かせない。

月初は暇なのに月末はやたらと忙しいといった、時期的なムラも多いものだ。繁忙期（ヤマ）に合わせて人や設備を用意すると、暇な時期（タニ）に、多くのムダを抱えることになる。すべてが平準化（生産物の量と種類の平均化）できるわけではないが、可能な限り平準化し、少ない人で仕事をこなせる体制をつくることで、ムラを少しずつ解消することが求められる。

一般に、生産現場では、ムラの解消がかなり進みつつある。

だが、間接部門には、ムラを抱えたままのところが少なくない。

たとえば人事部だ。採用活動や異動の時期は忙しいが、それ以外の時期は余裕があるものだ。経理部もそうである。決算期は非常に多忙だが、年がら年中忙しいわけではない。いずれも、ヤマタニのどこに合わせて人員を抱えているかを検討するべきである。

こう言うと「ギリギリの人数だと仕事が回らなくなる。ある程度の余力が必要だ」と反論する人がいる。しかし、実際には余力は問題を隠すものだ。十人の作業を八人でやろうとするから改善が進むのであり、二十人でやっていれば改善の必要などない。ただし、コストが会社を圧迫し続け、やがて危機を招く。

余力は改善によって生み出すものであり、最初から求めるものではないのである。

間接部門の人間は、こまごましたムダを探して得意がる前に、自分の仕事や部署にムラがないかを追求していただきたい。改善とは、重箱の隅をつつくことではない。まず「ムラ探し」で大局を眺めてこそ、改善推進計画に「コスト半減」をうたうことができるのだ。

summary

△ 「チリも積もれば山となる」方式に没頭する

◎ 「木を見て森を見ず」をいましめる

3 机上の論理が壊れるとき

トヨタとＧＭ（ゼネラルモーターズ）をよく知る人が「品質」に関する両社の違いについて、こんな話をしていた。

よい品質の車をつくるには、つぎの三つが必要だ。

①よいシステム
②明確な責任と役割分担
③品質意識

ＧＭは、①の「よいシステム」を持ち、②の「責任と役割」も明確である。それなのに、③の「品質意識」が十分ではない。トヨタは、①や②はＧＭほどではないが、③の品質意識がきわめて強い。品質面でＧＭがトヨタに及ばない理由は、実はここにある。

なぜか。よいシステムをつくると、エンジニアがシステムに頼ってしまうからである。現地現物で考える必要がないと思い始めるのだ。また、責任と役割が明確になると「品質は品質担当者の仕事であり、自分の役割ではない」ととらえるようになってしまう。こうして、会社全体の品質意識が薄れる一方になるのだ。

それに対してトヨタは、みんなが品質の大切さを知り、よりよいモノをつくろうと日々改善に取り組んでいる。

「品質は工程でつくり込む」と考え、不良は検査でハネればすむなどとは絶対思わない。

「不良は後工程に流さない」と言って、各工程が自工程完結型の責任を持っている。

全員がこうした品質意識を持っているから、トヨタの品質は揺るぎない。

システムが重要であり、明確な責任と役割分担が必要なのは当然だ。だが、それらの根底に、しっかりした品質意識がないことには、高い品質のモノはつくれない。知識やマニュアル、システムよりも「意識」が仕事を決めるのである。

この話を聞きながら、ふと、大野耐一氏がよく言っていた言葉を思い出した。

「原価知識と原価意識は違う」

という言葉だ。

メーカーの利益は、原価をいくら引き下げるかで決まる。値段はメーカーの都合では決められない。競争相手があり、お客様のニーズがあるからだ。「値段はお客様が決める」のである。値段が変えられなければ、原価を変えるしかない。だからトヨタは日々改善によって原価低減に必死に取り組んでいる。

ただし、「原価知識」にこだわると、「原価意識」が薄れることに注意しなければならない。

原価知識で考えると、どうなるか。たとえば「百個つくるよりも、百二十個まとめてつくるほうが原価は安くなる」と考えてしまう。しかし、市場で実際に売れるのが百個なら、二十個はムダになってしまう。安くつくったつもりが、「つくりすぎのムダ」を生んで、結局は高くつくのだ。このあたりは、原価知識で考えるとなかなか理解しづらいらしい。

あるいは「償却のすんだ機械は、新しい機械に買い換えたほうが能率が上がってよい」と考えてしまう。これも、実際には償却のすんだ機械を、改善しながら上手に使ったほうが儲かるに決まっているのだ。だが、原価知識からは理解しづらい。

大野氏は、原価意識で考えれば簡単に理解できることも、原価知識で計算するとわからなくなるぞ、と警告していたのだ。

知識と意識はそれほど違う。「やる意識」がなければ、いくら「やる知識」があっても、実現できないのである。

トヨタの強さは意識の強さ

トヨタ式の強さは、こうした品質意識や原価意識を、間接部門もしっかり持つことにある。花井正八《はないまさや》氏（元トヨタ自動車工業会長）は、購買や経理の責任者として、「トヨタ銀行」と呼ばれる強固な財務基盤づくりに尽力した人だ。石田退三《たいぞう》氏（元トヨタ自動車工業会長）のもとで、大野耐一氏が直接部門を代表し、花井氏が間接部門を率いたと言ってもよい。

その花井氏が、間接部門の管理職に、こんなことを言っていた。

「部下に対しては、経理部や費目管理部署を大いに利用し、また足を使って社内外のいろいろな部署と比較をして、改善のネタをつかむように指導してもらいたい。

また『なぜこうなっているのか』と、くり返し追求して、問題の本質をつかまえるクセをつけさせてほしい。報告書や決裁書を持ってきたときには、単に仕事のよし悪しを判断するだけでなく、その仕事を通じて原価意識を植えつけるように。

これがトヨタの財産であり、つぎつぎと後輩に引き継いでいかなければならないものだ」

たとえば経理部のスタッフは原価知識にたけている。だが、原価意識を持っているかどうかは、また別だ。経理部のスタッフが机上で計算して「この部署でいくら、あの部署でいくら」と原価低減を割り当てても、それだけではダメである。あらゆる社員が「もっとよい方法はないか」と原価意識を持って改善に励んで、初めて原価低減が可能になる。

あるいは、品質や安全の問題が起きたとき、品質や安全の大切さを知識として社員に伝え、品質や安全の担当部署を立ち上げる会社が多いが、それだけでいいのか。大切なのは「品質意識」や「安全意識」をみんなが当たり前のものとして持つまで続けることだ。原価知識に頼るとかえって原価が下がらなくなるように、品質や安全も、知識だけで対処するのは危険である。品質意識、安全意識、原価意識、改善意識などは、いわば風土となってこそ、現実を変える力となる。

筆者は、トヨタ式をベースとする改革を進めるにあたり、いつもこう言っている。

「少し結果が出たくらいで満足するのでなく、改善が風土となるまでやり続けてください」

改善が人を育て、育った人が新たな改善を生むようになるのが理想だ。

summary

△ ビジネスライクとは数字で動くこと

◎ ビジネスライクとは心から動くこと

4　正味作業が意外に少ない

直接部門の改革が進んでいるのに、営業部門やサービス部門の改革がほとんど手つかずのままという会社は少なくない。

ある会社の販売責任者Bさんが、トヨタ式のムダ取りに注目して販売改革に乗り出した。管理職の階段を昇るにつれ、これまで成功してきた「どぶ板営業」的な泥臭いやり方を、そのまま若手にやらせることに限界を感じていたからだ。

Bさんたちは、一日に何十軒という飛び込み営業を辞さずにやってきた。お得意先にアポイントなしで頻繁《ひんぱん》に顔を出すことがサービスだと考えてきた。しかし、IT（情報技術）化が進む中で、直接面談を嫌うお客様も出始めた。訪問営業とITを活用した「提案」や「コミュニケーションづくり」をうまく組み合わせることの必要性をBさんは感じていた。

同時に、営業担当者たちの成績にムラがある理由も考えた。

販売力強化には、①仕事の量を増やす、②仕事の質を高める、③やる気を高める――という三つのポイントがある。

①の「量」とは、訪問時間、訪問件数、デモンストレーション実施時間などの行動量である。中でも大事なのが、お客様と直接、具体的に商談をしている「有効面談時間」だ。有効面談時間が倍になれば、売上は五割増しになることは、いろいろなデータで実証されている。

それなのに、自分の時間割を毎日チェックしている担当者がほとんどいない。Bさん自身も「何軒訪問した？　見込みはどうだ」といった話はするものの、時間をどのように使っているかは、とくに聞いていなかった。

そこで調査をしたところ、一日平均で、有効面談時間は一時間未満だとがわかった。商品配達やクレームでの訪問時間が一時間強。合わせても、お客様のところにいる時間は二時間半程度でしかなかった。多いのは、移動時間とデスクワーク時間、それに、なにをしているかはっきりわからない時間だ。決してサボっているわけではないだろうが、時間の使い方をはっきりと自覚していなかった。

ムダがありすぎる。有効面談時間を増やすために、営業に直接関係のない仕事を極力やめることにした。たとえば伝票だけでも百種類近くあったのを少数化した。提案書や見積書もきちんと標準化した。ITをうまく使えば、お客様の要求や課題をある程度標準化しておき、データ入力だけで瞬時に提案書や見積書を作成できる。また、重いパンフレットを持っていかなくても、ノートパソコン一台あれば、ウェブ上で動画を使って説明できる。

並行して②の「質を高める」ために、営業成功プロセスの改善にも着手した。

こうした改善活動を通して販売成績は確実に上昇し始めたが、Bさんがなにより自覚してほしかったのは、時間の大切さだった。日ごろの時間配分を明確にし、ムダを省いていく。それが③の「やる気を高める」ことなのだ。やる気とは、精神論というより具体論なのだと気づいてもらうのが、管理職Bさんの役割だったのだ。

忙しいのは仕事が進んでいる証拠とは限らない

「せめて一日に一時間くらいは仕事をしてくれないか」

これは、トヨタ生産方式を少しずつ実践し始めていた時期の大野耐一氏の言葉だ。

工場で汗を流し、連日の残業までして働いていた人たちは、当然「こっちは一生懸命なのに、なにごとだ」と反発する。だが、大野氏は、「一生懸命にムダばかりしている」ことを見抜いていた。大野氏の見るところ、付加価値を高め、工程を進める「正味作業」の比率は、二〜三割だった（今でも、そんな比率の会社は少なくない）。

こうした見方に立てば「一日に一時間くらいは仕事をしてくれ」と言うことのほうが当然であった。

Bさんの目ざす営業成績アップも、このトヨタ式に沿ったものだった。ムダを省いて正味作業比率を高めていったわけだ。①②③の実践は、「動きを働きにしていく」ことだった。

こうした時間の使い方について考えなければならないのは、間接部門も同じだ。いや、ムダが見えにくいだけに、間接部門のスタッフは、仕事の中身を自己点検することが大切だ。

トヨタ自動車最高顧問の豊田英二氏に「時は命なり」という言葉がある。

自分の時間を有効に使い、最大限の能力を発揮するように努める。それとともに、部下の時間のムダづかいをしてはならない。それは部下の命を浪費することである。管理職は、部下の命を預かっているという気持ちで時間の使わせ方に最大の配慮をする必要がある。

summary

△ 多忙は熱意のあらわれであり、高く評価する

◎ 多忙はしばしば改善不足の証拠である

5 ホッと一息のときライバルはあなたを追い抜く

トヨタ式をベースとする改革でグループナンバーワンの高品質を実現した経営者Cさんは、いつもスタッフに「時間のムダに気をつけろ」と言う。自分の時間はもちろん、だれに対しても時間のムダになる仕事をさせてはならないと話している。

Cさんがそう言うようになったのは、若いころの経験が影響している。

生産技術部門の係長だったころ、会社が業界初の画期的な自動組立ラインをつくることになり、Cさんは、部品を組立ライン脇に自動供給するラインの担当になった。投資額も数億円と、非常にやりがいのある仕事だった。

数カ月後、自動ラインが設置された。Cさん担当の部品供給ラインは、それより二週間早く、設備の検収（機械の稼動を確認して引き渡しを受けること）を終えていた。「ああ、無事に終わった」と事務所で事務をとっていたところ、上司の部長から、いきなりどなられた。

「お前は事務をとっているが、いったいなにをやっているんだ」

なんのことか見当がつかず黙っていると、こう言われた。

「検収が終わって、仕事も終わったつもりかもしれないが、本当にそれでいいのか」

「検収はなんの問題もありませんでした。あとは本稼働を待つだけです。私はとりたててやることもないし、事務をとっていたのです」

「今回の自動ラインは、会社でも業界でも初の試みだ。未知なこともたくさんあるはずだ。検収が無事だったからと安心していていいのか。量産開始まではまだ時間がある。せっかくの時間をもう少し有効に使ったらどうだ。量産開始になってからあわてても遅いぞ」

言われてハッとした。

たしかに、実際に部品の入った通《かよ》い箱（循環型の運搬箱）を連続して流す設備検収はしていなかった。空の通い箱を何個か流して「だいじょうぶ」と思っていただけだ。実際に部品が入った現場では、通い箱が斜めに置かれることもあるし、部品がはみ出すこともある。起こりうるイレギュラーケースでの検収は、なにもしていなかった。

問題が起きてから改善するのも一つのやり方だが、できれば事前に想定できることは改善しておけば、現場に迷惑をかけずにすむ。Cさんには、そのための時間が十分にあったにもかかわらず、事務所でのんびりと事務をとっていた。

与えられた時間を精いっぱい使わないのは時間のムダづかいだ。部長には、Cさんが現場の人たちのためにベストを尽くしていないように見えたのだった。

なぜトヨタは決定が遅いのに仕事が早いのか

「しまった」とうなだれているCさんに、部長はこんな話をしてくれた。

「ある営業マンが、大型設備の注文をいただいた。納期が大変厳しく、工場と工夫した結果、納期の一日前に完成するメドがたった。普通なら、ここでホッと一息というところだろう。だが、彼は確実に届けるために『ほかに問題はないだろうか』とあらゆるケースを想定しては解決していった。お陰で当日、意外なトラブルが連続する事態になったにもかかわらず、無事に納品できて、お客様の信頼を勝ち取ることができた。

このように、時間が許す限りぎりぎりまで努力を続ける。それが満足のいく仕事をすることであり、周囲の信頼を得るということだ」

部長の言葉を受け、Cさんは量産開始までの時間に、考えられる限りのテストを行なった。少しでも問題があれば、すぐに改善をした。お陰で、初の自動組立ラインは無事にスタートした。

もし、あのまま本稼働の日を迎えていたら、初日にたくさんの問題が起きて迷惑をかけたかもしれないと考え、Cさんは部長の叱責に感謝したという。

トヨタは、しばしば決定までに時間がかかる会社だと言われるが、これは決定を先延ばししているわけではない。実行前に目的や手段、リスク対応などをとことん検討するためだ。ただし、検討の着手時期が早く、事前準備に時間をかけているだけに、いざ実行となった場合、予定外の問題が起きても、実に素早く対応することができる。

あるサッカー監督が、試合のロスタイムによく逆転劇が起こるのは、決して偶然ではないと話していた。お互いに長い時間走り回って、疲れは極限に達している。そこに至っても時間ぎりぎりまで走り、シュートを試みる。そんな執念が得点に結びつくのだ。偶然で片づけてはいけないというのだった。仕事に通じる見方だと思う。

summary

△　「いくさ」のあとに祝杯をあげずにいつ人生を楽しむ？

◎　「いくさ」のあとも鎧《よろい》を脱がないのが勝者である

6 アウトソーシングのムダを削減せよ

スタッフは、仕事を円滑に進めるために外部の専門家をうまく使うことも大切である。だが、専門家は、その道のプロではあっても、会社や組織が本当に必要なものをいつも的確に提供してくれるとは限らないことに注意するべきだ。

それどころか、ときにはムダの源《みなもと》ともなる。

ある企業が、トヨタの工場に刺激を受けて、ロボットを使った自動化ラインをつくった。だが、トヨタで見たラインと比べると動きにムダが多く、期待したほどコストも下がらず、生産性も上がらなかった。

トップは合点《がてん》がいかず、なぜこんなことになったのか、担当部署にヒアリングした。すると、ロボット導入にあたり、実際にラインを動かす生産現場と、間接部門である生産技術部の間で、十分なコミュニケーションがとれなかったのが原因だとわかった。

生産技術部は「現場のことは自分たちが一番よくわかっている。ここにこんなロボットを入れればいいんだ」と勝手に思い込み、なおかつ「ロボットメーカーは専門家だから」と安易に丸投げ発注してしまったのだ。

トヨタがロボットを入れ替えるときには、「ロボット↓ロボット」ではなく、「ロボット↓人間」を間にはさむやり方をする。

すなわち、旧ロボットを新ロボットに入れ替える前に、旧ロボットがやっていた作業を、いったん人間の仕事に置き換えるのだ。そのうえで「ムダはないか」「改善点はないか」を徹底し、「これでいい」となった段階で新ロボットを導入する。

この過程がないと、新ロボットは、旧ロボットが持っていたムダをそのまま引き継ぐことになるからだ。

もちろん、ロボットメーカーに丸投げするようなことはない。ロボットメーカーは十分な知識と技術、経験を持っている。しかし、だからといって発注元の現場の仕事に精通しているわけではない。ニーズは、現場の人たちが持っているのだ。

間接部門が、この点を間違えると、せっかくの専門家への依頼も、現場のニーズとかけ離れたものとなりやすいし、「ムダの継承」が起きやすくなる。

外注で間接部門の能力がはかられる

トヨタ式をベースとする改革を長年実践しているある会社は、午前中に受注すれば、すぐにつくって午後に発送する体制を確立していた。だが、さらにリードタイム（生産所要時間）を短縮し、よりきめこまかいモノづくりをするために、コンピュータソフトを新規に入れ替えることにした。

担当になったDさんは、困惑した。

同社は成長いちじるしいとはいえ、規模的には中小企業だ。新しいソフトに多くの予算はさけない。いくつかのソフトメーカーから提案を受けたが、なかなか希望するものが見つからなかった。既成のソフトでは会社のニーズに完全に応じることがむずかしく、一《いち》からオーダーするのは時間とコストの面で困難だ。

Dさんがソフトメーカーにそう言うと「自分たちプロの目から見ても、両立は無理ですよ」という答えだった。

思いあまって社長に相談をすると、こう言われた。

「変に遠慮はするな。たしかにお前は、ソフトについては素人《しろうと》かもしれない。だが、この会社の仕事に関しては、だれよりもよく知っているはずだ。うちが必要なのは、会社のニーズを知らない人間のつくるソフトではなく、会社のニーズにずばり応えるソフトなんだ。『自分こそがプロなんだ』という自負を持って取り組め」

メーカーに主導権を渡すと、結局は、相手のつくったロボットやソフトに合わせて仕事をすることになり、必ず現場のどこかムリがくる。

大切なのは、会社が発注元としてしっかり主導権を握ることだ。そのためには「この仕事に一番くわしいのは自分である」という自負に立って、現場のニーズをメーカーにきちんと伝えることである。

しばらくしてDさんは、地元の小さなソフトメーカーと出会った。その若い経営者に自社のニーズを伝えたところ、「やってみましょう」となり、そこから二人三脚でのソフトづくりが始まった。最初はお互い慣れないことで戸惑ったりしたが、少しずつ形ができ始め、数カ月後にはラインでテストできるまでになった。会社のニーズをしっかりと汲み取ったソフトであり、社長も現場も満足してくれた。

専門家は、必ずしも個々の会社の業務に精通していない。まして、どこにムダがあるかなどは知りようがない。本当のプロは、発注元なのである。

外注のときには、現場と専門家の間に立つ間接部門が、プロとしての現場把握力、外部への橋渡し能力を問われる。

summary

△ 丸投げするために外のプロがいる

◎ 任せるが丸投げはしない

2章　慢性「人手不足感」の解消

「やったら」と「やめたら」の発想バランスをとる

1 デスクワーク最大のムダと決別する

「資料をつくったつもりが資料にならず、紙量や死量になっていないか」

これは大野耐一氏の名言だ。とくにデスクワークでは、時間をかけてつくった資料が紙のムダに終わることは少なくない。効率化するうえで、資料のムダは、徹底してなくさなければならない。

中でも大野氏が嫌ったのは、過去の実績をベースに「将来こうなります」と予測したり、計画を立てたりすることだった。過去の実績の中には、すぐに直せることが含まれている。生産現場で言えば、運搬待ちや簡単な故障、くり返し出る不良などだ。こうしたムダを改善しないまま将来のベースにして予測や計画を立てると、過剰設備につながりやすい。

大切なのは、改善によって二度と同じ問題が起きないようにすることだ。そうすれば、過去の数字は意味のないものになってしまう。すぐに意味がなくなるような数字を後生《ごしょう》大事にたてまつって将来予測のベースにするのは大きなムダである。そんな資料をつくる暇があるなら、現場に行って一つでも二つでも改善してこい、というのが大野氏の言い分だった。

こんなエピソードがある。

昭和四十年代初め、若きEさんが勤務していた生産管理部の新しい上司として、大野氏がやってきた。すでに当時、本社工場と上郷《かみごう》工場（いずれも愛知県豊田市）の工場長であり常務取締役でもあったうえ、「現場の神様」として大変怖い存在として知られていた。だが、Eさんは「自分たちの仕事は重要なものであり、いくら神様でも文句のつけようがないだろう」と考えていた。仕事とは、直接部門の能力を計算し、残業の必要時間や、増産時の機械の不足数量、どれぐらい外注に出すべきかなどを予測するものだった。

ところが、苦労してつくったデータが、大野氏には、まったく見てもらえなかった。

「バカな計算ばかりやって困ったものだ。なぜ過去の実績がそのまま将来のベースになる？こんなことをする暇があったら現場を見てこい」

と一喝されてしまった。しかも大野氏は、生産能力不足を理由に外注を依頼してきた工場も叱り飛ばし、外注依頼にいっさい応えない。Eさんは「二、三カ月で工場がパンクするのではないか」と心配した。

だが、問題は少しも起きなかった。「なぜなのか」と現場に聞くと、こういう答えだ。「工程改善を行なったら、すべて内部でやれるようになったからだ」

「じゃ、なぜ外注依頼をしたんだ」とEさんは思ったが、大野氏から「君たちが今まで改善のチャンスをつぶしてきたんだ」と言われてしまった。そのうえ、大野氏の右腕としてEさんらを直接指導した上司からは「お前が仕事をすると会社が損をする。黙ってなにもせんのが会社のためだ」と、とどめを刺されてしまった。

やがてEさんは、見ても使ってももらえない資料づくりを離れ、大野氏の指導のもと、改善推進チームへと入ることとなる。そして、改善を通じて、大野氏がいつも言っていた「なぜ過去の実績や平均値を、能力と考えてはいけないのか」を理解するようになったという。

トヨタはどうGMをベンチマーキングしたか

ムダな資料には目もくれないが、必要な資料は、きちんと時間をかけて完成させるのがトヨタ式である。

筆者は、トヨタに勤務していたころの昭和三十年代後半、GMとトヨタの原価を比較して、差額をバランスシートに表現する仕事に取り組んだことがある。

今でこそ、トヨタはGMを追い越すほどの自動車メーカーに成長している。だが、当時は、売上規模でGMはトヨタの百倍以上という大差があった。戦後すぐ、トヨタ自動車創業者の豊田喜一郎氏は「三年でアメリカに追いつけ」と檄《げき》を飛ばし、追いつくために大野氏がトヨタ生産方式を考案したわけだが、その生産性にしても、九倍もの差があった。

売上規模で百倍、生産性で九倍の差がある会社との「差額」を知って、いったいなんになるのだろうと、当時の筆者は思ったものだ。だが、仕事である以上、全力を尽くすのは当然である。大学や関係機関で教えを請うたが、従来の会計の発想にはないため、かなりの苦労をさせられたことを覚えている。

結局、標準原価ではなく「基準原価」を新たに設けた。たとえば、ある部品の原価がトヨタ一万円に対し、GMが六千円とすれば、六千円を「基準原価」とし、原材料勘定には六千円を乗せ、差額の四千円はある種の「ムダづかい」としてバランスシートにのせることとしたのだ。

これは、トヨタ独自のやり方である。本来の会計基準処理も当然やっていたが、当時から世界を意識し、「問題の視《み》える化」をしていたトヨタにとって、「四千円の差額」は、ぜひとも知る必要のある数字だった。同様にさまざまな「差」をバランスシートにあらわし、毎月の比較検討をつねとしていった。

ベンチマーク（分野ごとに「ベスト」を見つけ、自分との差を分析し埋めていくことで、自己変革する手法）をする相手に対し、表面上の売上や利益だけを見て「勝った、負けた」と騒いでもなんにもならない。なにがどれだけ勝っているのか、どこが負けているのかをきちんと数字でつかんでこそ、「なにをどうすればいいか」という課題や方策が見えてくる。

この資料づくりには何人もの人間が携わり、何カ月もの時間をかけた。トヨタが改善活動を進め、世界へと近づいていくためには絶対に必要な資料だったからだ。

このように、すべての資料が紙量や死量になるわけではない。資料には多くの種類がある。
①なんのために、だれが使うのか
②競争力を高めるうえでどう役に立つのか
この二点を押さえれば、資料作成はムダではなく、付加価値を生む「正味作業」に変わる。

summary

◎ △

過去の実績を踏まえて将来を予測する
過去より現在と将来から目標を立てる

2 他社が四分の一の人数でやれていたらどうする？

ベンチマーキングは、多くの人や企業がやっている。生産や営業、販売といった現場では、品質管理やコストダウンの技術を熱心に学んでいるし、ディズニーや高級ホテルチェーンのリッツカールトンなどからもさまざまな手法を取り入れている。

では、間接部門において、ベンチマーキングはどれほど行なわれているだろうか。いや、そもそも他社のよいものを取り入れ、競争をして勝つという意識が間接部門にはあるのだろうか。はなはだ心もとない。

トヨタは、戦後すぐに豊田喜一郎氏が「三年でアメリカに追いつけ」と檄を飛ばしたことでもわかるように、早い時期から欧米の自動車メーカー、とくにアメリカのビッグスリーを意識している。経済力で大きく劣っていた当時の日本では、アメリカのような大量生産が不可能だった。かといって、少量生産で高価な車をつくっていては、国内でも売れないし、まして輸出などできるはずもない。

そこから生まれたのが「少量を安くつくる」というトヨタ生産方式であり、その実現のために「いいものからはなんでも学ぶ」と、つねにベンチマーキングを続けてきた。この姿勢は全社的で、そこに直接部門、間接部門の別はない。

トヨタの直接部門を代表した大野耐一氏が「現地現物」を強調してやまなかったことはいうまでもないが、実は、間接部門を率いた花井正八氏も、積極的に現場に出ることこそが合理化の秘策であると考えていた。

自動車の輸入自由化を目前にした昭和四十年、こんなことを言っている。

「自由化とともに入ってくるのは、『自動車』という商品ばかりでなく、欧米の『管理』であり、われわれは、真っ向から欧米の企業と争うことになる。『企画』から『開発』『生産』『販売』『アフターサービス』に至るまで、柔道におけるヘーシンク（昭和三十九年の東京オリンピック柔道無差別級で優勝した身長二メートル近いオランダ人）のような相手と伍《ご》して戦い、打ち勝たねばならない。そのためには、オールトヨタの科学的管理の徹底化、レベルアップが、『自動車』の品質、性能の向上とともに必要だ」

「輸入自由化」と言っても若い世代にはピンと来ないだろう。日本企業が脆弱《ぜいじゃく》だった昔は、輸入制限が解除され、欧米のモノが自由に入るようになると、価格や品質で劣る日本製品が駆逐されてしまうという危機感があったのだ。「弱小トヨタ」も当然、不安を抱いていた。

ただ、つねに海外輸出を視野に入れており、自由化という危機を好機に変える意欲も強かった。花井氏は、自由化を単にモノの面だけでなく、外国のすぐれた管理手法が入ってくるという面からも、とらえていた。しかも相手は世界的大企業のGMやフォードだ。その厳しさを花井氏は「競争」ではなく「戦争」だと表現している。負けても、競争なら順位が落ちるだけだが、戦争となると悲惨な結末になる。トヨタの間接部門トップは、それだけの覚悟を持って改善に取り組んでいたのである。

ムリにも効用がある

数年前、トヨタのある間接部門が人員を四分の一にする改革に乗り出した。なぜ四分の一か。間接部門の仕事は見えにくく、当初は、どれだけ人員削減すればいいかわからなかった。といって現状のままでは競争力が低下する。そこで、どんな人数なら競争力のある間接部門になるのか、他社とのベンチマーキングを行なったのだ。答えが「四分の一」だった。

考えてもいなかった数字だ。赤字で人員削減やむなしというケースではない。成長を続け、仕事はどんどん増えている。にもかかわらず、現有の四分の一でやれというのだから無茶苦茶な話だ。間接部門の人たちも、改革の必要性はわかっていても「そこまでやらなくても」というのが本音だった。だが、「儲かっているからこのままで」ではなく、「儲かっているから合理化する」のがトヨタ式である。進め方はこうだ。

①ムダを省く

まず、間接部門の仕事を要素作業（最小作業区分）に分解して、必要時間を算出した。そして、付加価値のない仕事を省き、改善を行なうことで、人員を三分の二にまで減らした。

②ムリをやってみる

単純なムダ取りだけでは三分の二までが限界であり、つぎのステップとして、やや強引ではあったが、いきなり四分の一に削減した。「ダメなら元に戻します。できない部分はサポート要員を出します」という条件をつけた。

③サポートで改善点をあぶり出す

各部署は「なぜ必要なのか」という理由をつけ、時間単位でのサポート要請を出す。要請は、いわば問題と改善点をあぶり出す信号である。それまでは、「忙しい」「人手不足だ」と言うだけで、なぜ忙しいのか、どこに余剰人員があるのかが見えなかったが、時間単位のサポート要請の出方から、改善点がはっきり見えるようになってきた。

④ムラをなくす

そこから、「仕事のヤマタニが大きく、ヤマに合わせた人員配置になりがち」「所属部署の仕事すべてをカバーできる人財がほとんどいない。多くの人が全体の三割から半分の仕事しかできず、多能工と正反対である」などのことが見えてきた。こうした点を改善していった結果、サポート要請はほとんど出なくなり、四分の一で仕事をこなす体制に移行できた。

間接部門は、とかく競争意識から遠くなる傾向にある。だが、競争力は間接部門を含めての全社的なものだ。営業成績や工場の数字を見ながら自社の競争力を分析するのもいいが、より大切なのは、自分の所属部署が競争力を伸ばすような改善だと言える。

summary

◎ △

ムリへの挑戦は悪しき精神論におちいりやすくムダである

ムリも工夫してやればムラ、ムダをなくせる

3 人を抜くときは優秀な人から抜け

トヨタ式をベースとする改革を進めるF社が間接部門の大改革に乗り出したのは、このままでは競争力が保てなくなるという強い危機感が背景にあったからだ。間接部門と物流部門に属する社員が四〇パーセントを占めており、ここを変えない限り、真に強い企業体質の構築はむずかしいと考えた。

F社は、大手メーカーの生産子会社だ。しかし、親会社がより安いモノづくりを目ざして生産の海外移管を進め、F社の主力商品は徐々に海外に奪われていた。グループ全体で見れば利益になるのだが、主力商品がこのまま全部移管されれば、F社自身は立ち行かなくなる。簡単なのは人員削減だ。でも、それだけはなんとしても避けたい。そこで、独自の生産ラインをつくり、大量生産ではなく、多品種少量生産に適した生産体制を構築した。それによって生産性が大幅に上がり、生き残りへの一歩を踏み出すことができた。

だが、海外との競争に勝つには、まだ不足だった。肥大化したままの間接部門を変えなければいけない。

「生産性を三〇パーセント上げる」と言うとき、ほとんどの場合は直接部門の改革をさしている。だが、直接部門の改革だけで三〇パーセントも上げるのはきわめて厳しい。しかも最近は、直接部門より間接部門の人員が多い企業が増えた。両方の生産性を同時に上げなければ目標にはとても届かないのが通例だ。

しかし、実際には、そんな例はほとんどない。直接部門の努力で上げた生産性も、間接部門を含めて計算すれば、三〇パーセントどころかせいぜい五〜三パーセントどまりだったりする。それどころか、直接部門が必死にコスト低減に取り組み、生産性を三〇パーセント上げることに成功して「抜きん出た競争力がついた」と喜んだが、間接部門を含めて計算したら、同業他社と大差ない価格になって落胆したという話もある。

だから、改革は、まず間接部門からという姿勢がとても重要になる。

しかも、間接部門は直接部門に改革を指示する立場でもある。自分たちは既得権にあぐらをかいたまま、直接部門に「ああしろ、これを変えろ」と言うのは行動矛盾であり、現場から「なにもしない奴が偉そうにしている」と反発されるだろう。

トヨタ式における少人化の実践

F社は目的をこう定めた。

「間接部門の体質を強化し、一人あたりの生産性を向上させる。同時に少人化を実施し、新しい付加価値の創造に向けた人財を確保する」

人員過剰な部署からは人を抜き、不足部署や強化部署、将来のための新設部署に人財を回すわけだ。

一方で人を切りながら、不足部門で新たに人を採用するケースがままあるが、それでは単なる人減らしだ。改善に取り組む士気がいちじるしく低下してしまう。F社が目ざしたのは、人を切るのではなく、より少ない人員での仕事を可能にし、抜いた人には新たな役割を果たしてもらう「少人化と活人化」だった。

少人化の目標は、現有の人員を一年間で三分の二にまで減らすこととした。最初にやったのは、前項でトヨタの工場がしたことと似ている。各部署の職務内容を「事務分析」によって詳細に分析、なにが必要でなにが必要ないかを一つひとつ見きわめていく。だが、二カ月くらいかけてやっても、時間がかかるわりに大きな効果は期待できないことがわかった。そこで、トップダウン方式で各部署から人を抜くという荒療治に出た。何人抜くか、だれを抜くかまで上から指示を出す。

当然、大きな反発を買うこととなった。

「生き残るためになにかをしなければならない」とわかってはいるが、だれを何人抜くかを上が決めるのは、自分たちが長年やってきたスタイルの否定だと受け止められたのだ。各部署の責任者は、せめて「だれを抜くか」だけは自分たちで決めさせてほしいと要望した。

F社に限らず、優秀な人財、使いやすい人財を手元に残し、できない人や扱いづらい人を出してしまいたいというのが普通の考え方だ。しかし、これでは人は育たないし、出された人を回される部署も困る。

かつて、トヨタのある部署の責任者が、上司の大野耐一氏に、一人の扱いにくい部下の異動を願い出た。だが、即座に「お前がちゃんと教えろ」と拒否された。

・その部下を回された部署が困る
・人は指導の仕方いかんであり、投げ出すのではなく育てるのが管理職のつとめである

という理由だった。

このように、トヨタ式は「人を抜くときは優秀な人から抜け」がモットーだ。優秀な人を

抜かれると、残った人たちは、しばらくは大変な思いをするが、だからこそやがて大きく育つという考え方である。

改革は「がんばれ」だけでは進まない

F社では、トップみずからが各部署の責任者を説得、要員選抜のメドを立てた。問題は、残った人たちでいかに業務をこなしていくかだ。人数が減ったのだから、それまでと同じ仕事のやり方をしては業務がこなせない。カバーするために残業時間が増えたりしては労働強化であり、本当の合理化とはなりえない。

F社は、各部署の業務の徹底見直しに着手した。見直しと改善がどう進んでいるかをチェックするために、定期的に進捗《しんちょく》会議も行なった。その席上、しばしばこんな不満が聞かれた。「この人数では、この業務ができなくなる。それでもいいか」

具体的な業務をあげての、一種のおどしだった。

F社トップの答えは一貫していた。

「お客様に迷惑をかけるのでなければ、なくしてもかまわない」

少人化で、人員に過度の負担をかけるケースをしばしば見受ける。それでは社員が疲れ、業務にも支障が出て、せっかくの改革がマイナス効果しかもたらさない。大切なのは、生産性の高い仕事ができる環境をつくり上げることだ。

改革は「がんばれ」というかけ声だけでは進まない。

①がんばることのできる環境をつくる

②やがて、がんばらなくてもできる状態にする

というステップを踏むのがトヨタ式改善である。

F社は「お客様に必要か」を基準に、ムダと正味作業を判断した。ムダは、ばっさりと切り捨てた。もちろん、だれだって、自分の仕事はお客様のためだと考えているわけだが、一つひとつの業務を詳細に詰めていくと、不必要だったり、過剰だったりすることも多いのだ。

こうしてムダを排除した結果、残業時間などもほとんど増えることなく、各部署の業務は順調に回り始めた。F社トップがこう振り返っている。

「結局は、余力があったのだと思います。『忙しい』と言いながら、実際には、やらなくてもいいムダなことを仕事だと考えてやり続けていたわけです。『人を抜かれた。残った人間でやるしかない』となったからこそ、ムダが見つかり、仕事のやり方も工夫するようになったのだと思います」

F社は、さらに仕事の手順を標準化し、経験の浅い社員でもできるようにした。一人の人が多くの仕事をこなせるマルチスキル教育も実施した。生産現場で言う多能工に近い。間接部門の人間は専門職意識が強く、一人が複数の部署の仕事をするケースがきわめて少ない。だが、それは標準がないからだ。標準作業さえ整備すれば、だれでもできる仕事が案外多いものである。

各人がマルチスキルを身につけるにともない、間接部門の生産性は格段に上がり始めた。各部署から抜いた人はもともと優秀な人が多かったため、新しい部署で活躍したのはもちろんだ。

「一番の人を抜けば、つぎの人が育つ。残った人間で必死で工夫することが人を育てる」というのがF社のトップから社員全体に至るまでの実感である。

summary

◎ △

アホ社員は切り捨てなければ効率は上がらない

社員をアホにしか見れない上司こそ非効率人間だ

4

「規則だ」はなんの解決にもならない

国会中継で、ある政治家がこんな答弁をしていたのには驚いてしまった。

「何十年もこの仕組みでやってきたのだから、なにも今さら変えなくても」

その仕組みでうまくいっているならともかく、うまくいっていないのだから、話にならない。第一、仕組みをつくった当時と今では状況が大きく違っている。経済や社会の急激な変化を考えれば、何十年も前の仕組みがそのまま通用するほうがおかしい。こんな「なにも変えない」政治家が跋扈《ばっこ》するようでは、日本はどうなるのかと悲しくなってしまった。

もっとも、仕組みというのは不思議なもので、いったんでき上がってしまうと、変えるのがとてもむずかしくなる面がある。会社でも、改革に抵抗するベテラン社員と、改革を進めたい人の意識差は、こんな言葉に収斂《しゅうれん》されるだろう。

「何十年もこのやり方だったんだから、今さら変えるつもりはない」

「何十年もこのやり方だったんだから、このへんでそろそろ変えたらどうか」

トヨタ式をベースとする間接部門改革を進めるある会社で、改善発表会の席上、営業部門の事務の統括責任者が、「このままでは限界がある」と不満を口にした。

同社の仕組みはこうだ。

①営業管理部に、各営業所から注文のデータが入る

②営業管理部は、そのデータをまとめて工場に送る

③工場は、それをもとに生産計画を立てる

営業管理部に①の注文のデータが入る時間帯は、始業直後と終業間近に集中している。始業直後は問題ない。困るのは、終業間近に入る大量の注文データだ。翌朝の始業直後には新たな注文が入ってくるから、翌日処理はできない。お客様の利便性や工場の生産計画からも、当日処理しなければならない。どうしても残業せざるをえなくなる。

統括責任者は、こう要望した。

「こうした状態は、自分の部署だけの改善ではどうにもならない。営業所は、注文データの送り方を平準化するとか、わかっているものだけでも早めに送るとかの協力をしてほしい」

これに、営業所の責任者の一人が反論した。

「できれば早めに注文を送りたい。残業を減らすように協力できるところはしたい。しかし、会社の規則では、午後四時からの三十分間は、経理関係のデータを送るために、ほかのデータを送ることは禁止されている。その間は注文を送ることはできないのだ」

最善の解決策は日々の実践

統括責任者は、そんな規則があると知らなかった。驚いて質問した。

「三十分間も経理以外のデータ送信を禁止するとだれが決めたのか。必要があると思えない」

経理の責任者が答えた。

「くわしくは知らないが、ずいぶん前からだ。たしかに経理以外のデータ送信を止める必要はない。だが、だれも『おかしい』と言わないので、そのまま今日に至ったのだろう」

これには出席者全員が驚いた。

社員の多くが、データ送信を止められる三十分間には不便を感じていたのだ。それでも「会社の規則だから」「なにか理由があるのだろう」と文句も言わずに守ってきた。ところが、当の経理の責任者が、「くわしくは知らない」「止める必要はない」と言う。今日までなんのために不便に耐えてきたのかわからなくなった。

このあと、規則はただちに改められ、改善活動の足かせの一つが取り除かれることとなった。そして、規則に縛られることの怖さ、「おかしいぞ」と声をあげないことの怖さを、みんなが知る機会となった。

同じことを漫然とくり返しているだけでは、なんの進歩も期待できない。「なぜなのか」「ずっとこうだから」では、改善のための気づきなど生まれるはずもないのだ。

トヨタ式には、変えることの重要性を指摘した言葉がいくつもある。

「日々改善、日々実践」

「変化を日常にする」

「変えないことは悪いことだ」

たとえ標準作業でも、やりにくさを感じたら、すぐに「こうしたほうがもっといい」と改善を行なうことだ。ムダが目につきにくい間接部門の人は、とくに自戒すべきことである。

summary

◎ △

規則に合わせて行動を変える。それが組織だ
状況に合わせて規則を変える。それが改善だ

5

環境を変えることで人を変えていく

　二年間にわたってトヨタ式をベースとする改革を続けた企業の改善発表会でのことだ。同社の親会社のトップが、発表を聞いたあとで、こんな言葉を口にしたのが印象に残った。

「長年、生産量が低迷し、数字的にも厳しい状況が続いていましたが、改善の結果、当初目標を上回る生産量を達成されたことはまことにみごとです。生産量のアップは金額に換算すれば年間数億円に匹敵します。これを新たな設備を導入せず、より少ない人員で、改善によって成し遂げたことは、みなさん自身の知恵と工夫で数億円の利益を生んだということです。大いに自信を持っていただき、今後もさらなる改善に励んでいただきたい。

　ところで、私には数字以上にうれしいことが一つあります。実は一年前に訪ねたときには、広場の憩《いこい》の池がからからになり、落ち葉がたまっていました。ですが、今日、同じ場所を見ると、きれいに掃除され、池には水が満々と張られ、何匹もの鯉《こい》が泳いでいました。それを見て、かつて余裕を失なっていたみなさんが余裕を取り戻し、元気になられたと実感したのです。改善には終わりがありません。MOREよりMOSTを、BETTERよりBESTを目ざし、心を一つに前進してくださるようお願いいたします」

仕事は、設備があって、人がいて、ニーズを放り込めば成果が出てくるというほど単純なものではない。そういうやり方をよしとする人もいるだろうが、トヨタ式はそうした考え方にくみしない。

仕事は、人の知恵や工夫によって行なわれるものだ。働く人たちが心を一つに、明るく、元気に、やりがいを持って取り組んでこそ安定した成果が得られる。やりがいや、幸福感という無形の成果も実り、それはお客様にも自然に伝わっていくものだと思う。

一般に、業績が低迷する企業は、5S（整理、整頓、清掃、清潔、しつけ）が行き届かず、環境自体が荒れている。働く人たちの気持ちもどこかすさんで、欠勤が増えてくる。長時間残業をしても生産量は伸びず、現場はさらに疲弊してくる悪循環におちいっている。

こうした状況で「もっとがんばれ。もっと働け」とムチを入れるのは、さらに状況を悪化させるだけだ。何年か前、ある会社がコスト削減のために社員食堂の食事の質を落としたところ、会社の雰囲気がぎすぎすしてきて、仕事の品質が低下したという話を聞いたことがある。働く人の気持ちや心に配慮しないと、いい仕事をするのはむずかしい。

「信頼して任せる」無責任

ある化学会社で小さな事故が多発した。安全管理を担当するスタッフが考えた対策は、
・規則をより厳しくする
・現場に安全標語を貼る
・朝礼などを通じて安全の大切さを啓蒙《けいもう》する
というものだった。だが、ライン責任者は、これに大きな疑問を感じていた。

ある日、また小事故が起きた。ライン責任者はすぐ現場に駆けつけたが、見ると安全管理担当スタッフ幹部のだれ一人として来ていない。若いスタッフがたった一人で話を聞いているだけだ。「これでは事故がなくなるわけがない」と思った。

夕方、スタッフの部長が報告書を持ってきた。

「なぜあなたたちは現場を見ないのですか」

「部下を信頼して任せていますから」

信用できない答えだった。現場を自分の目で見るのと、単に報告を聞くのでは天地の差が

ある。事故を本気で減らしたいと考えているなら、責任者が現場へ行き、「なぜ事故が起き、どうすれば防げるのか」を現場で考える必要がある。若い担当者にすべてを任せ、自分たちはハンコだけを押して報告するのでは、事故が減るはずもない。

ライン責任者は、こう提案した。

「今のままでは事故は増える一方です。意味のないポスターなど貼る必要はありません。事故が起きたらスタッフ幹部が現場へ行くことと、工場を総点検して事故のもとになる箇所を一刻も早く修理することです。『手すりを持て』と規則を決めたところで、現場を見れば、手すりが錆びていて、持つとかえってケガをする場所もあることがわかるでしょう。肝心の手すりさえないところもあります。まず安全環境を整えることが大切です」

指示してもできなかったことが……

工場内を点検すると、たしかに問題だらけだった。区画線も消えかけており、通路もデコボコが目立つ。モノの置き方も乱雑で危険を招いていた。

「階段を上るときには手すりを持つ」とか「駆け上がらない」というルールに関しても、現場の人にはうるさく言うのに、それを決めたスタッフはほとんど守らないケースも少なくなかった。言う人がやらないとルールは形骸化する。ライン責任者はスタッフにもルールを守ることを求めた。

会社はすぐ改善に乗り出した。環境を整えるにつれ、さまざまな変化が出始めた。

これまで荒っぽい運転が目立った車の運転が穏やかなものとなり、会社のあちこちに花を植える人が出てきた。社員が自主的にパトロール隊を組織して敷地を回り、危険な箇所を見つけたら、その場で直すようになった。朝礼では自分たちで決めた安全標語を唱和し、毎月の重点項目を決めて取り組むようになった。

いつの間にか事故数は減少し、今では業界平均を大幅に下回っている。安全管理担当スタッフがいくら指示してもできなかったことが、今では自然に行なわれるようになっている。

環境を整えると、人の動き方や、仕事の仕方までが変わるのだ。

summary

△　ミスは全容が明らかになってから対処する

◎　ミスは芽のうちに対処する

6

外注したいことこそ自分でやる効果は大きい

たとえば一般の会社員であるあなたが「用地買収」を命じられたら、なにをやるだろうか。候補地を探し、価格交渉を行ない、地権者一人ひとりを説得する。どこから手をつけていいか見当がつかないのではないだろうか。普通なら、不動産のプロに仕事を依頼することになるはずだ。

元トヨタマンGさんも、若いころに用地買収を命じられ、地元の不動産業者に候補地選びを依頼した。上がってきた案の中にぴったりの土地があり、上司に図面や買収予算の報告をしたところ、矢継ぎ早に質問をされた。

「この場所を何回見に行った？　なぜこの候補地がぴったりなのか理由を話してみろ。買取価格の根拠は？　なぜこの数字になるのか説明してくれ」

Gさんは不動産業者に任せきりで、現地も一回しか見ていなかった。業者の話から「ぴったりだろう」と感じただけで、現地現物を確認してはいなかった。価格も業者の「相場より安いですよ」という言葉を丸呑みしただけだ。

すぐに現地へ行って、地元の業者を一軒一軒訪ね、情報をたんねんに拾って歩いた。すると、価格のバラつきなど、知らなかった問題が浮かび上がってきた。Gさんは、依頼していた不動産業者に、それらの問題をぶつけた。とくに価格については、自分の得た情報をもとに、しつこいほど「なぜ？」をくり返した。不動産業者の答えに納得できず、査定した不動産鑑定士も呼び、根拠を正した。

両者とも「自分たちはプロだ。信用してくれ」と主張したが、Gさんは「信用したいから、プロとしての説明をしてほしい」と食い下がった。

Gさんだけでなく、一般に私たちは、専門家の言うことは、多少納得がいかなくても、理解できない部分があっても、「プロが言うのだから」と信じてしまうところがある。そもそも最初から疑いもしないことが少なくない。だが、プロの力を借りるのは、丸投げではないし、まして「自分の目も口も閉ざして信じる」ことではない。主体はあくまでも依頼した側にある。依頼者が、プロの力を借りながら納得いくまで調べ、「これでだいじょうぶだ」と自信を持ってこそ、仕事に使える「情報」になる。

Gさんは「なぜ」をくり返すことで、用地の選定理由や価格について納得のいく結論を得ることができた。価格も当初より下げられた。

そのうえで再び上司に報告すると、上司は、質問すべてに自信を持って答えるGさんを見て、稟議書《りんぎしょ》にすんなりハンコを押してくれたという。

外注したいことほど、グッとこらえて自分自身でやる。その効果は大きい。まずは、専門家の話にさえ「なぜ」をくり返し、自分の言葉で自信を持って話すことが大切だ。

張富士夫氏はなぜプロの手を借りなかったのか

張富士夫氏も二十代のころ、現在の高岡工場（愛知県豊田市）の用地買収を担当したことがある。地権者たちとの交渉は難航した。ある地権者に日曜日の朝から夜遅くまでつき合わされ、翌日出勤できなかったこともある。契約がほとんどまとまったあとで、別の地権者から「大根の収穫がまだだ」と言われ、トヨタ生協に頼んでトラック十台分の大根をまとめて買ったこともあった。

余談だが、張氏によると、買収交渉には「拝み倒し型」「泣き落とし型」「虎の威（を借りる狐《きつね》）型」「子ほめ型」「深草少将《ふかくさのしょうしょう》型」の五つがあるという。張氏自身は、小野小町《おののこまち》のもとに百夜《ももよ》通いをした深草少将のように、とにかく何度も通って相手を根負けさせようとするタイプだったらしい。

地権者の中には、先祖伝来の土地だからと売却を拒む人もいれば、条件をつり上げようと難題を押しつける人もいるし、よからぬ人たちがからんでくることもある。

だからこそ交渉のプロもいるのだが、張氏はプロの手を借りず、自分の力で「お前の誠意には負けた。若いのに大した奴だ」と地権者に言わせている。深草少将の百夜通いは悲恋に終わったとされているが、張氏は成功したわけだ。

プロの助けを借りることでスムーズにいく仕事は多い。だが、それは、自分でやれば大きく伸びるチャンスでもあるのだ。

summary

◎ △

プロの目を信頼してやれよ
自分の目を信頼することだ

3章　書類と情報「過剰」の改善

「必要なら」でなく「毎日」現場に足を運ぶ

1 現地現物が情報の過不足をなくす

間接部門の人間は、仕事に必要な「情報」をどこから得るか。

「現地現物」というのがトヨタ式なのは、よく知られている。とにかく現地に足を運び、現物を見る。そこに学びも、判断も、事務職としての仕事もあるというわけだ。

その現場を見るとき、専門知識は、あるに越したことはない。ただし、技術屋でなければ、なにもわからないわけではない。むしろよけいな先入観がないだけに、現場の問題がよく見えることもある。

「トヨタ中興の祖」と呼ばれる石田退三《たいぞう》氏は、根っからの商売人で、技術に関しては素人だった。けれど現場を見ることに関しては、天性の勘を持っていた。

石田氏は、第二次世界大戦前、豊田紡織《ぼうしょく》の監査役をつとめていたことがある。監査役には、さしたる仕事もなかった。しばらく暇を持てあましていたが、やがて工場に足を運ぶようになった。朝から晩まで回っては、「そこはムダだ」「ここは人が多すぎる」と文句をつけて歩いたという。

当時を振り返って、こう話している。

「素人の目というのは怖いもので、専門の技術屋が気づかないことに結構目が届く。続々とアラが出るものだから、おせっかいな私にはおもしろくて仕方がない。事実、私の言う通りにすれば工程はずいぶんと合理化される。同業のどこよりもコストダウンが進んだのも、このころだ」

石田氏の工場巡回はほどなく終了したが、その後、豊田自動織機、トヨタ自動車工業の社長として、設備投資や工場新設などで驚くほど大胆な決断ができたのは、工場を回るうちに、専門技術者とは違った視点から生産現場を見る目が備わったからにほかならない。

トヨタ自動車会長の張富士夫氏は、文系の出身でありながら、生産管理部で改善を担当したときの不安を、こう語っている。

「私のような事務屋は、ＩＥ（管理工学）という言葉さえ知らなかったくらいで、本当に自分になにができるのかと心配した」

生産管理部には、生産に関わるさまざまな課題が工場から報告され、解決を依頼されていた。課題を調査し、本当の問題を把握するのが役割だったが、上司の大野耐一氏は「これが問題です」と報告したら終わり、にはしてくれなかった。「問題がわかったら直せ」と、問題解決の改善チームをつくることになった。一員となった張氏は、生産には関わっていても製造現場のことはなにも知らない状態だったし、チームのスタッフ全員が似たり寄ったりの状況にあった。

不安がる張氏たちに、大野氏はこう答えたという。

「現場の改善は、とくにむずかしいものでもなんでもない。ごく当たり前のことを当たり前のように直せばよい。事務屋は知識がないだけに、改善に金を使わないからかえってよい」

大野氏の右腕として張氏たちを直接指導した鈴村喜久男《きくお》氏は、さらにこうつけ加えた。

「お前のような素人が、現場で『これはムダだ』と感じることは、本当のムダだ。だから心配するな」

これでは、ほめているのかけなしているのかよくわからないが、たしかに、現場から的確な問題を見抜くには、よけいな先入観がないほうがいい。まして当時、大野氏が進めていたトヨタ生産方式は、従来のモノづくりの常識とはまるで違うものだったから、なまじ経験豊富な技術屋より、経験の浅い事務屋のほうが「視力」がよかったのだ。

渡辺捷昭氏の「ケンカ」の意味

専門家が知識や経験に自信を持つのは、よいことだ。自信のない専門家などとは、安心して仕事ができない。問題は、自信が過信になることである。「自分が一番よくわかっている」という「わかっている体質」になると、問題点や改善点が見えなくなり、他人の意見も耳に入らなくなる。

それが高じると、組織の壁になる。会社やお客様の利益より、部門の利益を優先するというばかばかしい体質になってくる。

会社の競争力を高めるには、お互いが部門の壁を越えて、気づいたことを自由に言い合う必要がある。間接部門は、直接部門がとかくこもりがちな組織の壁を打破する役割を果たすべきである。いい意味での素人の目で現場を見る。専門領域の中にいるから見えないことを、しっかりと指摘するべきだ。事務と技術、直接部門と間接部門の間に壁をつくらない努力を忘れてはならない。

それなのに、間接部門の中にも壁ができがちだから困ったものだ。経理や人事、総務や広報などのそれぞれが、互いを見ず、専門性を振りかざしてはいけない。他部門に口を出さない代わりに、口を出してもらいたくないと考えるようでは、仕事に本当に必要な情報など取れるわけがない。

トヨタには、製品開発の初期段階でアイデアを広く回覧する習慣がある。技術者だけでなく、事務職の人間も対象だ。社内のあらゆる部門の人間が意見を求められ、応えようと真剣に検討を重ねる。「しょせん素人の言うことだから」と軽んじる風土はトヨタにはない。

トヨタ自動車社長の渡辺捷昭《かつあき》氏は、よく、こんな言い方をする。

「仲のよいケンカをしよう」

自由にものを言い合う風土があってこそ、情報の風通しがよくなる。真の競争力はそんな風土から育っていくものだ。

summary

△ 素人の意見にいちいち耳を貸すゆとりはない

◎ いい意見に専門家と素人の差はない

2 現場には簡潔な答えがある

「トヨタの人事部長は、社内に百人のシンパサイザー（支持者）を持っていないとつとまらない」と、ある人が書いていた。

トヨタはタテ・ヨコ・ナナメの社内人脈ネットワークが発達しており、部署や入社年度、出身地といった枠を越えて、お互いを知り合う機会がたくさんある。社員の多くが顔見知りという点では、大企業の中で抜きん出ているかもしれない。そんな環境だから、さらにすごい人脈がなければ、人事をつかさどるほどの情報は集められないという意味でもあろう。

トヨタには、社員旅行や運動会といった交流イベントもたくさんある。スタッフは、そうした場を通して、ラインのくわしい事情を知り、また、自分たちが現場にメシを食わせてもらっていることも学んでいく。

最近はこうした人間関係を「泥くさい」と言って嫌う傾向があるようだ。しかし、それでは、自分を成長させる情報は得られないし、仕事自体も壁にぶち当たる。仕事は人と人のつながりによって進んでいく。相談できる人は多いほうがいいし、「お前が言うのなら」「あいつの言うことなら」といったきずなもなくては困る。

改善も、スタッフが机上で案を練り、号令をかければ進んでいくわけではない。案をつくるには、現場の問題点と意見をきちんとつかむことが必要だ。進んでいくには、現場の人が案を十分に納得してくれることが前提となる。

そうした相互の情報ネットワークは、一朝一夕《いっちょういっせき》にはできない。あらゆることを「現場に聞く」姿勢が欠かせない。日ごろの交流に加え、積極的に現場に足を運び、話を聞き、ときには提案をしたりといった地道な努力を積み重ねることだ。

大野耐一氏が、よくこんなことを言っていた。

「自分の考えたことがいいか悪いかは、現場に行けばわかる。現場に行って目で確認すれば、また新たな問題も見えてくる。仕事とはそういうものだ」

日ごろから緊密な人間関係を築く努力は仕事の重要な一部なのだ。直接部門と間接部門という異なる部門間には、とくにそうした努力が必要である。

トヨタ式をベースとする改革を進める会社のある役員は、月に何回か、夜勤の交代時間を見計らって現場に足を運ぶ。管理職として直接部門を見るようになってから続けている習慣だという。スーツは着ない。ジーパンのようなラフな格好で食堂や休憩所に顔を出しては、職長さんたちとあれこれ意見を交わす。

「今日はなにか問題はなかった？」とか「悩んでいることはないか」などと声をかける。改善についての考えを話して、「どう思う？」と率直な意見を聞くこともある。役員なのだから、部下に「話を聞いてこい」と命じればすむことだ。現場の責任者に役員室まで来てもらってもいい。けれど、その役員は、自分で現場に足を運ぶスタイルを変えない。

「呼びつけるのは好きではありません。現場の人は、事務所のソファで話すより、工場の休憩室や食堂などで話すほうが本音を出してくれやすい気がします。改革を進めるには本音を聞くことが大切ですし、本音を言った職長さんたちは、必ず本気になってくれるものです」

現場に通うと心が通う

別のトヨタ式実践企業の経営者Hさんも、熱心に現場に通う一人だ。

もっとも頻繁だったのが、協力会社の再建スタッフの一人として派遣されたころだった。一番の若手でスタッフ的立場だったが、朝夕の二回、工場に足を運んでみんなに「おはようございます」「ご苦労様です」と元気よく挨拶して回った。

最初はだれも挨拶を返してくれなかったが、続けているうちに、「おはようございます」「元気でやってます」などと応じてくれる社員が出てきた。そんなとき、Hさんは「困っていることはありませんか。できることがあればお手伝いします」と声をかけた。これも最初は聞き流されていたが、続けているうちに、相談してくれる人が出てきた。できることはすぐにやり、権限外のことは上司に相談した。やがて「Hは案外頼りになる」と評価され始め、現場のナマ情報が集まるようになった。「こうすればいいのでは?」「お前が言うのならやってみるか」という関係になり、改革が確実に進むようになったという。

Hさんは、その後も現場に顔を出す習慣を続けた。ある企業の社長を辞めるときには、パートタイマーの人たちからさえ「社長がいなくなったら、明日からだれが私たちの話を聞いてくれるんですか」とまで言われるようになった。

summary

△ 現場には必要なとき足を運ぶ

◎ 現場にはできる限り足を運ぶ

3 直接情報はネット情報にまさる

問題が起きたときや、資料を見て「おかしいな」と感じたときは、実際に現場を見に行くのが一番いい。報告や資料といった間接情報だけで判断していると、間違うこともある。「間接情報」には、ネット情報も含まれる。

コミュニケーションの多くがネットを通じて行なわれる現代、トヨタでもネット上でコミュニケーションを行なえばいいと主張する人がいたという。しかし、実現しなかった。理由は、「フェース・トゥ・フェースは、ネット情報にまさる」からである。

ネットには利点がたくさんあり、活用するのは当然だ。一般的な情報のやりとりや単純連絡などでは、ネットですむ場合が多い。しかし、たとえば議論するとき、ネットでは、相手のかもす雰囲気や言葉のニュアンスなどを肌で感じることができない。仕事は人間がやる以上、熱意や誠意が伝わらないのは致命的だ。また、たとえばネットによる三次元コンピュータ・グラフィックスは精緻《せいち》ではあるが、設計者が見せたいところだけを見せる傾向が否めない。弱点や改善点が発見されにくいのだ。現物を前にすれば、各人が独自の視点で見て考察できるため、設計者が気づかない点まで気づくことが可能となる。

ネット上のコミュニケーションは有用だが、フェース・トゥ・フェースのコミュニケーションはそれ以上に重要、というわけだ。

間接情報だけで判断するのは、直接情報をみずから取りに行かないことと同じである。だが、仕事を真剣に考えれば、みずから現場に足を運び、必要な人の話を聞いて情報を得ようとするのが当然である。現場に行くことでネットワークが築かれ、さらによい情報が早く集まるようになる。

また、間接情報だけでは、いわゆる「バッドニュース」がもれてしまいがちなことにも注意したい。バッドニュースを正確に知って、真因《しんいん》（表面にあらわれた原因のさらに奥にある真の原因）を探り、改善策を練ることができるのは、人間だけである。隠れてしまいやすいバッドニュースをつかむには、フェース・トゥ・フェースが欠かせないのである。最近、ネット情報の収集は得意だが、フェース・トゥ・フェースは苦手という人が目につくが、それではいいスタッフにはなれない。

バッドニュース・ファーストの定着

ある企業の社長Iさんは、事務系出身でもあり、専門技術の話になると理解できないことがあった。それでも「自分は社長だし、役員を信じているから」と、あまり聞き返しもせず報告や資料で決裁をしていたところ、さまざまな問題が生じてきた。

Iさんは方針を転換し、疑問点や不明点があると、自分で現場へ見に行くようにした。すると、報告や資料の中には、嘘とは言わないまでも、都合の悪い情報を隠したり、実態よりよく見せるといった操作が加わっていることがわかった。社長みずからが直接情報をつかむことで、問題はグッと少なくなった。

さらに、社長が頻繁に現場に顔を出しているという話が広がると、報告や資料から隠蔽《いんぺい》やごまかしが減り、正確な情報が入るようになった。Iさんは「悪い情報ほど早く持ってこい」と口で言うだけでなく、自分が現場に立つことの大切さを再確認したという。

「情報は待つな、自分で取りに行け」と言われる。世の中が急激に変化し、日々の仕事にも追われて情報を的確につかむのがむずかしいからこそ、直接情報を五感でつかめと言うのだ。

トヨタの北米工場を立ち上げるとき、責任者だった張富士夫氏は「バッドニュース・ファースト」の定着に苦労した。

トヨタ式では、トラブルがあれば生産ラインを止める。トラブルをみんなに「視える化」するためだ。バッドニュースは、責任追及のために使うのでなく、背後の真因を追求し、改善を行なうために使う。

だが、当時のアメリカでは、ラインを止めるような失敗をすると、レイオフ（一時解雇）されるのが一般的で、いくら「止めろ」と言ってもなかなか定着しなかった。

そんなある日、接着剤の種類を間違えるトラブルがあり、張氏が現場に駆けつけた。調べると、似たような缶がたくさん並んでおり、「これでは間違える」と感じて改善を命じた。「ミスの現場に社長が来た。レイオフされる」とパニックになっていた米国人も、やがて、責任追及ではなく改善をするトヨタ式を理解するようになった。こうして、徐々に、バッドニュース・ファーストが北米工場にも定着するようになったという。

summary

△「言い分」だけを聞くと早く進む
◎「言い方」も考慮すると結局は早く進む

4 パソコンを閉じたとき「視える化」の窓が開く

「年初に発表してもらった年度目標を見たいのですが、持ってきてもらえますか」

トヨタ式をベースとする改革を進める会社の社長Jさんが、人事のスタッフにこう頼んだところ、こんな答えが返ってきた。

「パソコンに全部入っていますから、社員名を指定すれば、いつでも見ることができますよ」

そんなことはわかっている。Jさんが知りたかったのは、ある部署全員の目標だった。発表から三カ月が経過した今、目標にどう取り組み、どの程度を達成しているのかがわかり、部署の各人が、見ながら目標を比較したり、進捗状況を確認し合えるような一覧だった。

「パソコンだと一人ずつしか見られない。一覧では見られないのか」

「全員のものをプリントアウトすることになります。でも、あくまでも一人ひとりのもので、全員の一覧ではありません」

人事スタッフは、なぜ社長はそんなことを急に言い出したのかと、けげんな顔で答えた。同社には、Jさんが望んだような一覧をつくる発想はなかった。

Jさんは、社長就任以来、改革を進めてきた。その過程で、生産現場に関しては、トヨタ式の工場同様に星取表（左ページのような能力チェック表）などたくさんの掲示物が見られるようになった。最初は、自分の能力や改善案の提出件数などが、工場見学者を含めてだれにでも見えるようになることに「プライバシーの侵害だ」と抵抗を示す人もいた。しかし、今ではみんなが積極活用するようになった。

貼り方も進化しつつある。

最初のころは見よう見まねでつくって、とにかくたくさん貼ることにこだわっていた。それが「どんな文字を使い、どの高さに貼るのがもっとも見やすいか」と改善を重ねることで、ずいぶんすっきりしたものになっている。

生産現場ではこうした「視える化」が個人の成長や職場力の向上につながることがはっきりしているのに、間接部門ではこうした動きがほとんどないことに、Jさんは不満を持っていた。その突破口の一つとして、全員の目標を一覧にして貼り出すことを考えたのだ。

けれど、残念ながらスタッフの感覚は「パソコンの中に入っているから、それで十分」と

星取表

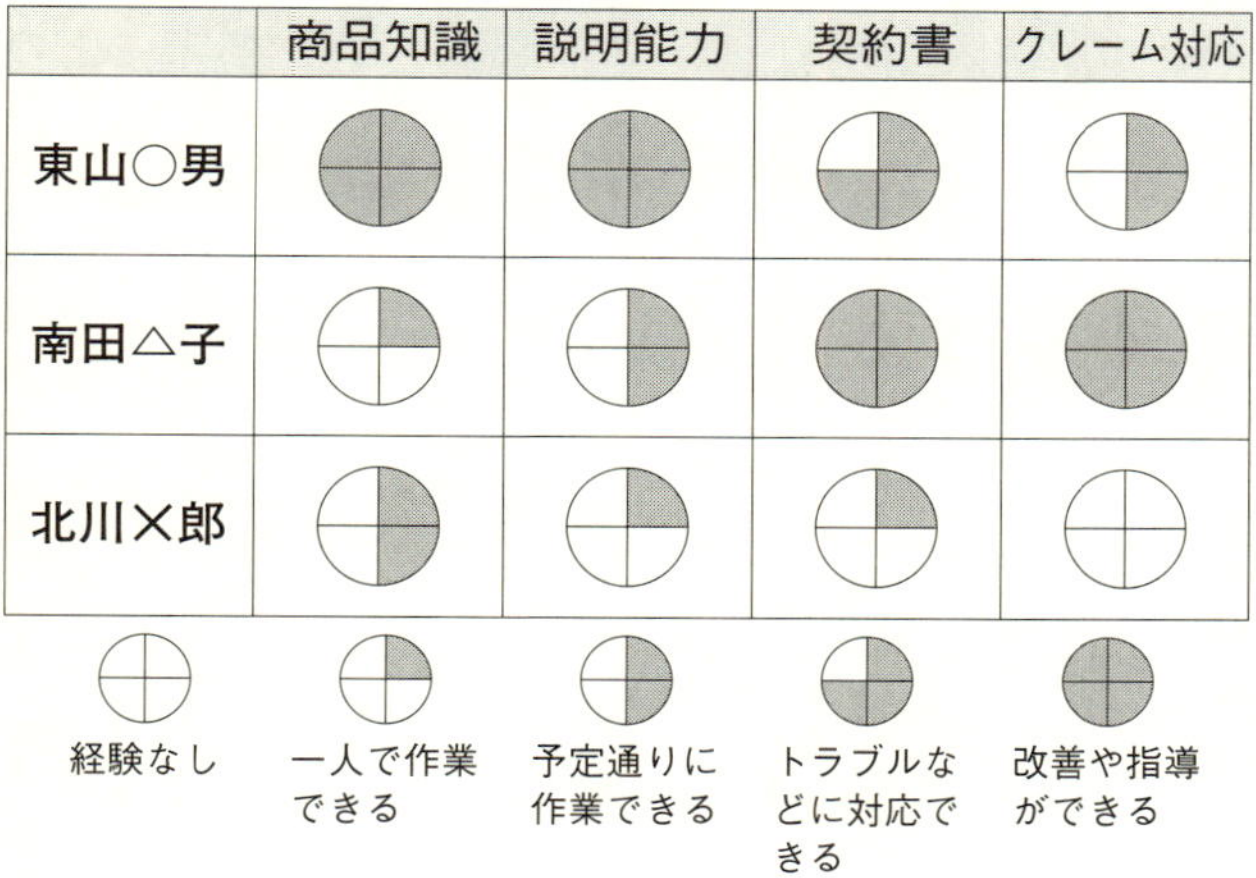

いうきわめて消極的なものだった。

仕事では秘密主義は自分をダメにする

Jさんは、ついに社長権限を行使した。部署ごとに全員の目標を一覧にして貼り出す。それに加えて、各人が名札の下に目標を短く要約した「ひと言目標」を書く。そうすることで、一人ひとりに目標達成への意欲を持ってもらう。上司や先輩、同僚も互いの目標に関心を持ち、声をかけ、相互フォローする環境をつくろうと考えたのだ。

「小学生じゃあるまいし、名札の下に『大きな声で挨拶を』なんて照れくさい」という声も最初はあった。しかし、実際にやってみると、予想以上に好評だった。

その後同社では、間接部門の視える化が一気に進み始めた。

作成がむずかしいと考えられていた星取表も、職務内容をできる限りこまかく分析することで「だれが、なにを、どれだけできるのか」の明確化ができた。総務や経理、人事といった部署ごとに、不可欠な能力を六つずつピックアップし、所属部員の一人ひとりについて、平均との比較や六項目のバランスなどを表にした。

これらをすべて社内に掲示した。こうして業務の標準化が進み、部門の壁を越えてお互いの仕事が見えるようになったことは、とても大きな収穫だった。

スタッフは、他人を評価するのには慣れているが、自分が評価されることには慣れていない。まして、評価を公然と貼り出されるのには抵抗を示すことが少なくない。半面、「これまで直接部門の視える化を積極的に推し進めてきた立場として、自分たちだけを例外と言い張るわけにもいかないかなあ」という負い目もある。

権限の行使には慎重であるべきだが、Jさんのように、権限を行使してでも視える化を進めるほうがいい場合もあるのだ。

近年、個人情報保護法もあって、同じ会社の社員同士でさえ、互いのことをあまり知らない残念なケースがある。

ある会社で、社内報に掲載する新入社員の自己紹介用の原稿を募ったところ、一人がなんと白紙で提出した。理由は、個人情報保護法上から「書きたくない人は書かなくてもいいんでしょ」ということだった。もちろん、先輩社員から「俺たちは仲間なんだから、お互いのことをよく知っておく必要がある」と意義を説かれ、掲載に至ったのだが、とんでもない心得違いである。

職場の仲間が互いによく理解し合えてこそ、力を合わせることができる。力を合わせてこそ、会社としての競争力をつけることができるのだ。

スタッフは、みんなの目から情報を遠ざけたり、悪い意味で「保護」したりするのをやめにする。つねにみんなに発信し、みんなに見えるようにすることが望ましい。

そのためには、まず自分たち自身が意味のない秘密主義から脱し、よりオープンであることが必要となる。

summary

◎ △

仕事といえども公開がいやなものはいやだ

こと仕事に関してはすべてガラス張りでいく

5 トヨタ式でも情報は足で拾う

トヨタ式をベースとする改革を進めるK病院の経営者から、トヨタにまつわるこんな話を聞いたことがある。

K病院がトヨタ式と出会う以前、QC（品質管理）活動を一生懸命に実践していたころのある日、トヨタ本社から電話が入った。「QC活動で立派な成果を上げられていると聞きました。一度、話を聞かせていただけませんか」と言う。

たしかにK病院は、QC活動では地域でそれなりに知られた存在だった。しかし、地方の病院であり、メーカーではない。「なんでトヨタさんが」と経営者は不思議に思った。とはいえ、わざわざ訪ねてくるというのをむげに断わるわけにもいかず、「お役に立つかどうかはわかりませんが」と承諾した。

トヨタでQCを担当している数人が訪ねてきた。全国でQCに積極的に取り組んでいる企業を訪ねては話を聞いているという。K病院のことは、その地域を訪ねたときに、あるメーカーから「QCをやっている珍しい病院がある」と聞いて「訪ねてみよう」となったという。

トヨタの担当者たちはK病院の説明をしばらく聞いていたが、「今やっていらっしゃる取り組みを、当社のQC発表会で発表してくれませんか」と依頼した。経営者は驚いた。一地方病院がトヨタのQC発表会に出るなどとんでもないと断わった。けれど「ぜひに」という熱意に押されて、最後は承諾することとなった。

たちまち忙しくなった。発表会までだいぶ時間があるのに、トヨタの担当者から「発表会用の資料ができたら送ってください」と催促されるのだ。仕事の合間に作成して送ると、「ここはどういうことですか？　ここをもう少しわかりやすくできませんか」といった質問やアドバイスがある。

何回かの修正をへて、発表会を迎えた。無事に終え、やれやれと思っているところへ、担当者がやってきて、「いい発表で、大変参考になりました」とねぎらったあとで、「今後はこういうふうにすると、もっとQCが盛んになり、よくなりますよ」とアドバイスをくれたという。

この経験を通して、K病院の経営者は、トヨタの強さの秘密の一端を知った気がしたと話していた。

「普通、トヨタほどの大企業がわざわざ地方に行って、企業を一社ずつ訪ねるなんてありません。ましてメーカーでもない病院にまで来て、話をじっくり聞く。そのうえ発表会に出てくれと言う。発表会に向けて万全の準備を整えてくれ、事後にはアドバイスまでしてくれる。世界ナンバーワンの企業が、まだまだ学び続けているのです。そりゃあ、無敵ですよ」

トヨタの学ぶ姿勢は、あらゆるところに及んでいる。

過日、日本一のサービスで有名な旅館が経営している和食店を訪ねた。すると、支配人から「以前にトヨタの方が来られて『サービスについて一度、話をしてください』と言われ、おうかがいしたことがあります」という話が出た。

レクサスの販売店を立ち上げるとき、リッツカールトンからずいぶん学んだのは、よく知られた話だ。筆者が改革のお手伝いをさせていただいた企業にも、ずいぶんトヨタ関係者が見学に訪れている。

トヨタという自動車メーカーは、いいものからはなんでも学ぶ姿勢が顕著だ。企業規模や業種はまるで関係ない。病院でも和食店でも、「いい」と聞けば現場に足を運び、話を聞いて、率直によさを認めて学ぶ。簡単なことのようだが、なかなかできることではない。

現地でわかる情報がいい情報

これを別の側面から見ると、なにごとにつけ、現地現物から情報を得るのがトヨタ式だとも言える。

かつてトヨタの協力会社L社が、部品の価格を半額にすると申し出た。L社なりに改善に取り組んだ結果だ。

数日後、トヨタの購買担当者が実際にL社を訪ねてきた。二点を確認したかったのだろう。

まず、価格を半分にするのは、簡単なことではない点だ。もしL社がムリをして半分にしたとすれば、いずれどこかにひずみが出る。それはL社にとっても、トヨタにとっても好ましいことではないから確認したい。

もう一つは、改善の結果として半分にできたとすれば、すばらしいことだからだ。なぜ半分にできたのかという改善の中身を確認して学びたい。

L社は幸い後者だった。トヨタの購買担当者は、いろいろ話を聞き、現場を見せてもらったあとで「よくこれだけのことをやりましたね」とねぎらいの言葉をかけた。そして「御社が改善によって得たコストダウン利益の半分は私どもの会社でいただきますが、残りの半分は御社でお取りください。それを、御社のさらなる改善と競争力の強化に使ってください」と言った。

L社が感激したことは言うまでもない。

メーカーは、一社だけでがんばっても、競争力はつかない。協力会社がともに改善力を身につけ、成長しないことには、体力強化はできない。だから、トヨタは協力会社に対して、ときに厳しい目標を課すが、「あとは自分たちでやれ」と突き放したりしない。目標を達成できるように人を派遣して指導することもあれば、資金面で支えることもある。協力会社が必死の改善で得た利益を全部収奪することもないのだ。

そういうクリーンな共存共栄もトヨタらしいのだが、どう動くにせよ、必ず担当者が現地に行き、話を聞いて、現物を見て確認するところが、実にトヨタらしい。

summary

◎ もっとアウトプットを増量せよ

△ もっとインプットを工夫せよ

6 情報改革は「現場は見たのか」に帰着する

トヨタ式は間接部門でも情報を「視える化」するが、生産現場工場でのそれは、一般のお客様などあらゆる人に工場を公開する「ショールーム化」へと進むことがある。順路を設け、案内役も用意するのだ。

工場の安全性や5Sに自信を持ってこそ可能なことであり、来場者から大きな信頼を獲得することができる。

M社の工場は、ショールーム化を宣言してから毎年一千名を超えるお客様が訪れるようになった。案内役は、間接部門の女性社員がつとめるようにした。ところが、女性社員のほとんどが、当初は生産現場がなにをやり、どんな改善を行なっているのか知らなかったのだ。

一人が、当時を振り返って、こんなことを話していた。

「人事一筋でしたから、現場のことには興味もありませんでした。案内係になるために初めて工場に行って話を聞き、どれだけがんばっているのかを知りました。最初は日常業務をしながら案内係もすることに戸惑いもありました。生産ラインやつくり方はどんどん改善され、少し前と変わっていることがよくあるからです。でも、今では変わっていく工場を見てもらうことに喜びと誇りを感じるようになっています」

M社のこの女性社員に限らず、自社工場をほとんど見たことがないという間接部門の人間は少なくない。管理職など、現場に用事があるときは、現場の人間を呼びつければいいと傲慢に考えている人すらいる。

トヨタの間接部門を代表する花井正八氏は、現地現物を強調した大野耐一氏と同じくらい、積極的に現場に出ることが合理化の秘策であると考えていた。自著の『わたしは三河人』(自費出版)で、こんな趣旨の話をしている。

「よくトヨタの合理化の秘策を教えてほしいと言われる。秘策と呼べるようなものがあるわけではない。あるのはきわめて基本的な原則だ。つまり、日ごろの労使の話し合いを通じた従業員との信頼関係、それに、合理化に取り組む従業員の努力を正しく評価してやること。それくらいである。あえてつけ加えるとすれば、重役が重役室に引きこもらず、積極的に現場に出向き、従業員と接することであろうか。見方によっては、この三番目のことがらが、実は最大のキーポイントということになるかもしれない」

コストダウンは、労使が心を合わせて取り組んでこそ、初めて実現するというわけだ。

部署にこもるな

そのため花井氏は、毎月一回、すべての工場を視察して、どんなコストダウンの工夫をしたか、現場のリーダーから直接話を聞くようにした。事務畑なのですべてが理解できるわけではない、と前置きしたうえで、現場で話を聞く効用を、こう話している。

「生産技術を深く知るうえで大いに役立つ。また、自分の目と耳で合理化の進展を確かめ、つぎのステップを頭の中に描くこともできる。同時に、発表する側も直接説明できるということで、それが誇りと励みとなって、ますますやる気を起こす」

間接部門の人間は、とかく自分の部署にこもりがちである。やらなければならない報告・連絡・相談や会議がたくさんある。「外に出ようと思ってもなかなか出られない」という言いわけが聞こえてきそうだが、花井氏は「それは惰性に流されている」と一刀両断にしている。現場にコストダウンを要求する以上、スタッフも時間をつくり出す努力をして現場に出向くことが大切だ。

トヨタ式の「現地現物」を、直接部門の話だと勘違いしてはならない。間接部門も含めて徹底するべきである。専門外であっても、現場や技術に関心を持ち、「自分はなにができるのか」を真剣に考える。

M社の女性社員も、案内係をつとめ始めてから「今日はどんな改善をしたのだろう」と生産現場に足を運ぶことが増えたという。そして、現場の人たちの改善する姿を見て「工場があれだけがんばっているのだから、負けないようにしなくては」と自分の仕事の改善に励むようになった。

そんな動きがやがて間接部門全体に広がっていき、それが工場のショールーム化の最大の収穫の一つだったという。

間接部門改革は、「現場は見たのか」という一言から始まり、進展していくものである。「現場は見たのか」は、トヨタ式の情報キーワードの一つである。

summary

△ ◎

「餅は餅屋」を徹底すれば、おのずと仕事は最適化する

「われ以外みなわが師」でこそ、仕事の全体最適がわかる

4章　ライン とスタッフ「密接力」の強化

知識より「意識」で組織をまとめていく

1

権限は持っても使うな

間接部門のスタッフがよく口にする言葉がある。

「なにかを変えようとしても現場がちっとも言うことを聞いてくれないのです。なにかよい方法はないでしょうか」

会社のために必要な施策を考え、現場で実行に移そうとする。なのに現場の人たちの反対にあい、ちっとも進まない。「どうしてわかってくれないんだ」と嘆くのだ。

気持ちはわかるが、そんな彼らにこう尋ねると、たいていの人は苦笑いを浮かべる。

「自分のお子さんに『今日から毎日三時間勉強しろ』と言えば、すぐに実行しますか」

「無理ですよ。親が言ったぐらいで素直にやるようになるなら、苦労はしません」

自分の子供でさえ言うことを聞かないのに、大の大人が素直に言うことを聞くわけがない。ここに人を動かすことのむずかしさがあるのだが、スタッフというのは不思議なものだ。自分の考えたこと、決めたことが正しいと信じて、現場は言うことを聞くのが当たり前だと誤解をしてしまう。

だから、彼らに筆者はときどきこんなことを言う。

「自分の考えたことが正しいという自信があるなら、あなたが思い切ってライン責任者になってやってみたらどうですか。結果を出せば、周囲の人は自然とついてきてくれますよ」

なにかを大きく変えるとき、賛成者は二割から三割いればいいほうだ。同数の人が強硬に反対し、残りはようす見を決め込む。だから、とりあえずチャレンジをして、少しずつ結果を出していくことだ。

慣れたやり方から新しいやり方への転換は、最初は手間取ることも多いし、アクシデントも起きる。そこを引っ張っていくには、粘り強さと、問題点をすぐ改善していく姿勢が欠かせない。スタッフは「現場が言うことを聞かない」と嘆くだけではダメなのだ。

かつて、生産改革がうまくいかないと嘆く若いスタッフを、大野耐一氏は、こう諭している。

「ワシだって辛抱しているんだよ。仕事は権限や権力でやるんじゃない。粘り強い理解と説得なんだ」

人を動かすのはむずかしいが、反対者たちが理解と納得をして動き出すと、改革は一気に加速するものでもある。

切り捨てたいときに力量が試される

トヨタ式をベースとする改革を進める企業で、協力会社に改善する力が欠けていることが問題になった。部品や部材を供給してくれる協力会社が一体となって改善に取り組んでくれなければ、改革には限界がある。

改善推進チームのNさんが、いくら協力会社に足を運んで改善の必要性を説いても、思うようには動いてくれない。しびれをきらして上司に「もうあんな協力会社は切り捨てて、ほかの会社を探しましょう」と進言したが、上司は即座に「ダメだ」とNさんにこう言った。

「長年つき合いのある会社を簡単に切り捨てるわけにはいかない。本当にダメなのかどうか、お前が行って改善力のある会社に変えてこい」

今さらあとには引けなかった。Nさんは、その協力会社に二年間も常駐し、改革を指導することになった。

これは大変な経験になった。Nさんの会社の資本が多少入っており、取引のほとんどがN

さんの会社だとはいえ、同社には同社のやり方がある。Nさんは取引先から来た厄介な存在でしかない。最初はなにを言っても、ナマ返事ばかりでちっとも動いてはくれなかった。

それでもあきらめず、朝早くから夜遅くまで現場の人と一緒に改善を進めながら、社員の言い分にも耳を傾け、それまでなかった標準作業や原価基準をつくった。そのうちに長時間だった残業時間が減り始め、逆に生産性は上がるようになった。

Nさんは一目置かれるようになり、やがてその協力会社は強い改善力を身につけていった。そして、Nさんの会社への納入価格を下げても利益が出るという理想的な状態になった。

生産改革にメドをつけて会社に戻ったNさんを、上司はこうねぎらった。

「『やれ』のかけ声だけでは改善は進まない。ともに汗をかきながらやる改善が大切だ。二年間大変だったと思うが、こうした改善力のある協力会社が増えてくれれば、うちの会社も強くなる。これからも『ともにやる改善』を続けていこう」

summary

◎ △

指示系統に従わないのはビジネスマン失格
従わせられない指示は指示が悪いのだ

2 ラインが「正論だけどイヤだ」と言う理由

トヨタグループのある企業の営業担当者Oさんの信条は、単に売った買ったではなく、取引先の役に立つ提案を心がけることだ。取引先の多くは中堅中小企業だ。経営者は一国一城の主《あるじ》であり、自分のやり方に自信を持っている。話していると、若いOさんには勉強になることも多いが、「もうちょっとこうすればよくなるのでは」と気づくこともある。

Oさんが月に何回か顔を出す会社の社長は読書家で、セミナーや講演会などにも出席して新しい知識を吸収する努力をしている。ところが、会社の経営はなかなか学んだようにはいかず、資金繰りには苦労をしているようだった。「売上はそれなりにあるのに、なぜだろう」と疑問を持って調べると、抱えすぎた在庫が経営を圧迫していることに気がついた。

トヨタ式には八つのムダがあるが、中でも「つくりすぎのムダ」はもっとも警戒すべきものだ。「注文があるから」「いずれ売れるから」と納期より早めにモノをつくる。売れてお金が入るより先に材料費や人件費、エネルギー代などが先に出て行く。つくったモノは売れるまでの間、倉庫に保管することになるため、倉庫代がかかるうえに、管理する人間も必要になる。つくりすぎると、二次、三次のムダを生むのである。

そこでOさんは社長に「たくさんの在庫を抱える必要はないのでは」とアドバイスした。プライドの高い社長は、取引相手とはいえ、若いOさんにさしずされたくなかった。「お前のような若造になにがわかる」と怒り出し、以後、しばらくは口も聞いてくれなくなった。Oさんには社長の気持ちがわからないでもなかった。

当時、こう思ったという。

「アドバイスをしたのが、たとえば世界的な経営学者ピーター・ドラッカーのような人なら、社長は喜んで言うことを聞いたと思います。それをよりによって私に言われたことが頭にきたのでしょう」

Oさんはあきらめることなく、上司の助けを借りながら、在庫を減らす方法やメリットを文書にまとめて、社長に届けた。何回目かの訪問のとき、社長が出てきて言った。

「君の言っていることはもっともだと思う。私も気にはなっていたんだ。だが、長年このやり方で来たために、うまく切り替えられなかった。君の資料を見て、思い切ってやり方を変えようと決断した。君も知恵を貸してくれないか」

Oさんのがんばりが通じた瞬間だった。「相手が望む以上のことをやろう」「プラスアルファの知恵をつけよう」という考えが正しかったと感じたという。Oさんは熱心に社長とコミュニケーションをとりながら在庫減らしに挑戦、経営を軌道に乗せることに成功した。

信念はぶつけることで信用へと磨かれる

張富士夫氏が、雑誌でこんな話をしていた。

ある取引先の関係者が在庫を減らそうとしたが、そこの社長が反対した。関係者から「どうしたものか」と相談を受けた張氏も困って、上司の大野耐一氏に尋ねた。すると、こんな答えが返ってきた。

「その社長は、自分の信念で、そうやらないと会社はよくならないと思っているのだろう。人の価値は、その人がいなくなったときに空いた穴の大きさでわかるものだ。今日明日のことを一喜一憂してもしょうがない。社長にどう思われるのかとか、上司にこう思われやしないかとかではない。男なら信念を貫くことも大事だ」

相手の社長に信念があるのなら、こちらにも信念がある。張氏は信念をぶつけ合いながら、社長の説得にかかった。非常にエネルギーのいる、根気のいる仕事だったが、「決して心配をかけませんから」と説得、最後には一番信頼される関係になったという。

こう振り返っている。

「相手の社長は、そんなに在庫を減らして、もしトヨタのラインが切れたらどうなるんだと心配しているんです。けれども、コツコツ改善していったら、思ったほど切れなくて、問題が解決して相手も安心しました」

営業担当者などで、ただの御用聞きになってしまう人がいる。相手にとっては重宝だ。だが、それだけでは本当の信頼関係を築くのがむずかしい。大野氏が言うように、仕事は「信念と信念のぶつかり合い」のようなところがある。ぶつかり合いを通して初めて、お互いを認め合い、信頼し合える関係になれる。

相手が信念なら、こちらにも信念があるという意気込みで臨むことだ。

summary

△ 対立点を限界点だと受け取る

◎ 対立点を出発点だと考える

3 互いに知恵を引き出す関係を築く

改善推進チームのスタッフの中に、一から十まですべてをお膳立てしてしまう人がいる。本人としては善意だ。できるだけ現場が困らないように、という気持ちである。だが、あまりにお膳立てしてしまうと、かえって現場の知恵がつきにくくなり、新しいやり方が定着しにくくなる。

トヨタグループのある工場の改革に、大野耐一氏が助っ人としてスタッフPさんを送り込んだ。大野氏が、Pさんは「知恵のある男」だと言うのだ。ラインの人は、どんなすばらしい改善をするのかと期待していた。ところが、Pさんは、一週間かけて現場をじっくり見て回るだけで、これという改善はしなかった。

ラインの責任者は不思議に思っていたが、ある日の夜、帰宅前に一つの工場にこうこうと灯りがついているのを見た。中に入ると、Pさんを中心に、何人かが集まって設備の改善を行なっていた。

「こんな時間にどうしたんだ」と聞くと、一人が答えた。

「ある装置をつくってテストをしているんですが、もう一つうまくいかなくて……」

「せっかくつくったのだから、多少問題があっても使ってみたらどうだ」とライン責任者が言うと、Pさんが「やっぱりこれは使えませんね」と言って、装置を壊すではないか。

「せっかくつくったのにもったいないですよ」

と驚くと、Pさんが言った。

「よい改善は、働いている人の前向きな協力がなければできません。いくら私が百点にしようと思っても、協力が得られなければ、五十点にしかならないのです。協力を得るには、働いている人たちの納得を得られる改善をすることが必要で、今の装置ではダメなのです」

責任者は、それまで改善はスタッフが考えて、ラインの人間にやらせるものだと考えていた。現場の協力や知恵を引き出すことが大切だとは考えていなかった。それなのに、Pさんは「現場の知恵やアドバイスを引き出すことが私の仕事である」と言う。

非常に教えられたという。

もっとも、Pさんも最初からそう思っていたわけではなかった。大野氏から「知恵がある」

と言われるだけあって、自分ですべて考え、実行してしまうほうが早く進む。しかし、どうも改善が定着しない。ある日「改善が思うように進まない」と相談したPさんに、大野氏はこう言ったという。

「なにか教えてやろうと思うからいかんのだ。教えるのではない。作業者の手助けをしてやればいいのだ。作業者がもっとラクに仕事ができるようにしてやれ。それがお前の仕事だ」

それ以前のPさんの姿勢は、たくさんの情報を集めて、「あんなものをつくりたい」「こんなものをつくりたい」だった。だが、それではPさんが満足しても、現場の期待に応えることはできなかった。現場の人たちが求めているものから離れた改善は、どれほど形よくできたとしても定着しない。

トヨタ式改善では、スタッフはあくまでも、現場の人が気づき、知恵を出すための手助け役である。Pさんが現場に入るとどんどん提案が寄せられたのは、「現場の人の知恵やアドバイスを引き出しながら改善を進めていく」姿勢が評価されたからにほかならなかった。

教えるより気づかせるのがトヨタ式

改善活動を推進する側に立つと、どうしてもこのもっとも大切な「知恵やアドバイスを引き出す」を忘れ、つい自分が先頭に立って進めようとする傾向がある。

生産改革に着手した、ある社のケースだ。

同社は大量生産型のつくり方をしていたため、改善を始めた最初のころは、ムダが山のように見つかり、生産性もおもしろいようにアップしていた。成果が目に見え、みんなが改善のおもしろさを満喫していた。

ところが、半年ほどたったころから、もうムダがなくなった。改善しようにも、どこをどうしたらよいかがわからなくなった。

「ムダがなくなる」ことはありえない。ただ、ムダだらけのモノづくりをしていた企業がトヨタ式を導入すると、5Sを行なうだけでも目に見えて効果が出るだけに、見えるムダを一通りつぶしてしまうと、あたかも「ムダがない」としか見えなくなってしまう。一種の改善の踊り場だ。

同社もその状況におちいり、改善活動がすっかり停滞してしまった。あせった推進チームのスタッフと、現場の押し問答がくり返された。

「改善をやってください」

「もう改善するところなんかないよ」

そんなある日の会議で、スタッフの一人が具体的な箇所をあげて、直すべき点や、どう改善すればいいかを逐一指摘してしまった。以来、会議のたびにそうしたやり取りが交わされ、改善は行なわれるものの、今度は現場の人たちがスタッフに頼りきってしまい、自分たちで気づき、知恵を出すことをしなくなってしまった。

トヨタ式は「自分で答えを出す」ものだ。ヒントならともかく、答えまで親切に教えてしまってはいけない。やがて同社は軌道修正を行ない、たとえ時間がかかっても、結果がすぐに出なくても、現場の知恵を引き出し、スタッフと現場が一緒に改善に取り組むようにした。

半年くらいは思うようにいかなかったが、我慢して知恵を引き出した結果、現場の人たちも、みずから気づき、知恵を出し、改善に取り組むようになっていった。

改善は、知恵を引き出すことである。意欲を引き出すことである。「引き出す」を忘れては、トヨタ式は成立しない。

summary

△ もっと汗を出そう

◎ もっと知恵を出そう

4　もっと現場と感情を共有してゆく

トヨタ式をベースとする改革を進めると、人があまるようになる。十人必要だったラインを七人とか五人でやれるようになる。経営者にとって、これほどうれしいことはないのだが、社員から見ると、改善が進むと人がいらなくなり、結局は自分たちの仕事を奪うために改善をやっているという見方になりかねない。

改善活動を推進するスタッフは、こうした人たちの気持ちをわかる必要がある。

ある会社は、改革の結果、従来の三分の二の人数でラインを動かせるようになった。工場で働いている人の多くは長年勤めているパートタイマーの女性たちだ。最初は改善に抵抗があったが、しだいに自分たちで知恵を出すことにやりがいを感じ、改善に積極的に取り組むようになった。ところが、改善が進むにつれて、人が一人二人と減ることに不安を感じるようになった。

現場の責任者にこんなことを聞いてきた。

「このままだと自分たちの職がなくなるような気がするのですが」

「いや、人を減らすつもりはありませんから」と責任者はとりあえず答え、改善推進チームのリーダーに対処法を相談した。リーダーは、現場の不安はもっともであり、あまりあいまいなことを言わないほうがいいと考えて、自分で概略つぎのように説明した。

「この何年か、日本のメーカーは安い人件費を求めて海外に工場をつくっています。また、海外からは、日本よりもはるかに安いモノがどんどん入ってきます。私たちの会社も海外に工場をつくることを検討しましたが、その前に国内でもっと改善ができるだろうと考えたのです。

みなさんの努力のお陰で、生産性はかなり高まっています。半面、以前より少ない人数で生産できるようになったことで、つぎは自分の職がなくなるのではという不安を感じられているお気持ちもよくわかります。わかっていただきたいのは、みなさんの職を奪うために改善をやっているわけではなく、国内でのモノづくりと、みなさんの雇用を守るために改善に取り組んでいるのです。

改善によって海外に負けない競争力を身につけ、それを武器に生産量を増やしていきたいのです。まだ私たちの努力不足で生産量を増やすところまでいっていませんが、将来には、そんな希望が待っていることを胸に、さらなる改善に励んでください」

トヨタ式改善は、人や設備の余力を生み出し、その余力で生産量を増やしたり、利益を創出していく。改善によって八時間かかっていた仕事が四時間でできるようになったとき、残りの四時間を新たな生産活動に向ける。

ただし、新たな生産活動を獲得する努力を怠ると、この会社のように「あまった時間や人をどうするんだ」という問題に突き当たる。

トヨタ式は、単なる人減らしである「省人化」ではなく、能力や生産性を高めることで人を減らす「少人化」を使う。あまった人は、不足部署や新設部署で「活人化」する。

だが、「抜いた人をどうするか」「残った人の不安にどう応えるか」に配慮をしておかないと、大きなつまずきを見せることになる。

改善による人あまり現象を説明する

同じくトヨタ式の実践企業で、ベルトコンベアの廃棄が進み、自社でつくった新しい生産ラインに全面的に移行することになった。コンベアの敷設やメンテナンスなどを担当していたエンジニアには、新部署に異動してもらうことになった。人事部スタッフは事務的に新部署への異動を伝えようした。

それを聞いた同社トップがこんなことを言った。

「君は、今までの仕事がなくなったのだから別の仕事に異動してもらえばいいと簡単に考えているかもしれない。だが、実際に慣れた仕事を離れる人たちの気持ちを考えたことはあるか。きちんと、『なぜ異動してもらうのか』『つぎの仕事ではなにを期待しているのか』を説明する必要があるんじゃないか」

必要がなくなった部署の人に異動してもらう。企業としてごく当たり前のことだが、現場をよく知るトップの目から見ると「人の気持ち」への配慮を欠いていた。異動する社員は、新しい生産ラインのことをよく理解している。それでも辞令一つで異動させられるのは、自分のやってきた仕事や自分の存在を否定されるようなつらさがあるのも事実だ。

人事スタッフには、こうした「人の気持ち」や「人の感情」にも配慮してほしいというのがトップの願いだった。

このトップがしばしば口にするのが「三つのムダ」だ。トヨタ式の「八つのムダ」は主としてモノづくりに関するものだが、こちらは、つぎの三つだ。

①モノのムダ
②時間のムダ
③気持ちのムダ

たとえばレストランで食べきれない量を注文して食べ残す。食べられるものを捨てる「モノのムダ」に目が行きがちだが、そのほかにも料理に要した「時間のムダ」があり、なにより料理を心を込めてつくった人の「気持ちをムダにする」ことになる。これは人の気持ちをいちじるしく傷つける。

仕事の品質は人で決まる。みんなの心が一つにならないといい仕事はできない。だから、どんなときでも人の気持ちを大切にしなければならないし、ムダにしてはならない。

同社の人事スタッフは、異動になる人一人ひとりに「なぜ異動してもらうのか」「これからどのように技術を活かしてもらうのか」ていねいに話して理解を得るようにした。

summary

◎ △

仕事なのだから感情を考慮しすぎるな
仕事だからこそ感情面の納得が必要だ

5 間接部門は診断士でなく治療士

ある学者が、講演で、こんなことを言ったのには驚いた。

「私は本日、みなさんに考える材料や資料をたっぷりと用意しました。しかし、答えは用意していません。私の話をもとに『どうすればいいか』は、みなさん自身で考えてください」

学者は、「こんな問題が起きていますよ」「これから大変な時代が来ます」などと指摘するのが仕事であり、解決案を考えるのは自分の範疇《はんちゅう》ではない、というわけだ。

むずかしい時代であり、企業の置かれている状況もさまざまだから、こうすれば解決するという万能薬はないだろう。最後に「こうしよう」と決断するのは当事者でしかありえないことも確かだ。しかし、それにしても「答えはご自身で」と完全に突き放すのもどうかと思う。「なにが問題か」も情報なら、「どう解決するか」も情報であり、両者はワンセットでなければ、「使える情報」とは言えないだろう。

その道のプロであれば、なにが問題かはすぐにわかるものだ。大切なのはその先である。問題を指摘するだけではなく、「たとえばこうしたらどうですか」とか、「こんな例がありますよ」とかいうアドバイスができないと、仕事にならないだろう。

大野耐一氏が、改善活動の担当者に、しばしばこう言っていた。

「現場を診断できる奴はごまんとおる。お前らはそういった『診断士』じゃない。現場を改善できる『治療士』じゃないといかん。いくら診断しても、現場はよくならん。治療という改善をしてこそ、現場はよくなる」

たとえば商品の最終検査の担当がいて、商品を一つずつ「これは合格」「これは不合格」と分け、不合格品を手直しに出している。これは「診断士」のレベルにすぎない。

そうでなくて「治療士」にならなければならない。治療士は、不合格品を発見したら「なぜ不合格品ができるのか」という真因を調べ、どうすれば不合格品ができないようになるかを考えて改善する人のことだ。

間接部門の人にわかりやすいたとえで言えば、テスト（現場の結果）に○×をつけているだけではダメである。どうしたら点数が上がるか（現場の過程）を考えて、いい成績がとれる方法を編み出せる教師になれ、ということだ。

自分も答えを持って相手に考えさせる

間接部門の人たちの仕事は、とかく診断士になりやすい。現場に、「生産性を上げろ」「原価を下げろ」「目標はこうだ」とは言う。けれど、「では、どうすればいいのか」については、「自分たちで考えてください」というスタンスの人が多すぎないだろうか。

答えを持たない指示は単なる希望か要望でしかありえない。指示を出す以上は、自分なりのアイデアを持つか、少なくとも一緒に知恵を出すことが求められる。

あるいは、治療士気取りで解決策を実行するのはいいが、それで満足してしまい、フォローに欠ける人も目につく。「今日からこのやり方でやってください」と、生産現場に新システムを導入する。だが、実際に現場でやってみると、またいろいろな問題が起きるのが普通だ。それをきちんと改善しないと、現場の反発を受けて、改善が進まなくなる。

間接部門の人たちに求められるのは、現場をよく知るだけでなく、改善策を考えることである。さらに、改善の結果を見届けて、「ここがやりにくい」「どうも疲れる」といった点をさらに改善していくことだ。そのくり返しが現場との情報ネットワークをつくっていく。

豊田英二氏は、昭和二十年代、米国フォード社に研修留学していた。そのころフォード社には、創業者フォード一世時代の職工が残っていた。そして「最近の若い者はオフィスにばかりいて、なかなか現場に来ない」とこぼしていたという。

フォード一世の時代は、マニュアルを自分たちでつくり、それを集大成してフォードシステムをつくった。それが変質し、専門家がマニュアルをつくり、それを現場に押しつけるようになっていたようだ。

「マニュアルは、つくった人が直接現場へ行って指導しないとダメなんだ」というのが英二氏の感想だ。

トヨタ式では、標準作業を現場の人がつくる。そのため、スタッフが書いて押しつけることがもともとない。ただ、トヨタ式を導入しつつある会社では、標準作業をスタッフがつくって、現場にはただ「守れ」と指示するだけのケースが見受けられる。情報は相互にやりとりするものであって、一方通行では企業は成長がストップしてしまうだろう。

summary

◎　△

指示する
やってみせる

6 仕事における「泥くささ」の復権

一時期「時代遅れ」と言われた社員旅行や社内運動会が、再び脚光を浴び始めている。

もちろん中身は大きく変わっている。かつての社員旅行は、熱海などに代表される温泉旅館の大広間に浴衣を着た社員や役員が一堂に会して大宴会を繰り広げるものだった。今は、よりスマートな形に変わってきている。

それにしても、なぜ今になって社員旅行や社内運動会か。派遣社員やアルバイトが増え、正社員比率が低下している時代、会社としての一体感を高めるためにはこうした「同じ釜の飯を食う」「ともに汗を流す」といったことが欠かせなくなっているからだ。

とくに増え続ける派遣社員やアルバイトを含めた「会社全体の一体感」をどう醸成していくかは深刻な問題だ。

トヨタ式をベースとする改革を進めるある会社の社員構成は、約六割が正社員で、四割がパートタイマーや派遣社員で占められていた。非正社員の存在なしには間接部門も満足には動かない状態だった。にも関わらず、非正社員は会社の正式な行事などから排除されることが多かった。

たとえば月初には、先月の業績報告や今月の方針説明の「合同朝礼」を実施していたが、非正社員は出席できず、職場で待機していた。一時間近くに及ぶ朝礼の間、なにもしないで待つ。非効率きわまりないのだが、長年の慣例であり、それを不思議に思う人はほとんどいなかった。

新しく同社のトップに就任したQさんには、これが納得いかなかった。雇用形態は違っていても「お客様によいモノをより早くより安く提供する」ことに関しては仲間であり、正社員も非正社員もないはずだった。あえて分けて考えるのは、会社が非正社員を「決められた仕事だけを間違いなくやってくれればいい」という単なる作業の提供者としか見ていないことになる。

正社員が大半を占めていた昔の形態ならそれもわかるが、全体の四割を占める現状では、そんな区別はありえない、とQさんは考えた。会社の方針や現状をしっかり理解してもらうことが必要であり、そのためには合同朝礼に参加してもらうのが一番いい。

Qさんは、さっそく人事の責任者に非正社員の参加を打診した。「ものごとができない理由は百ほどもある」というが、なるほど責任者は「やりたくない」という気持ちが強いせいか、実にたくさんの理由を並べ立てて反対した。

「合同朝礼は正社員だけが参加するというのが当社の慣例です」

「会社の数字といった機密事項を部外者に聞かせるのはどうかと思います」

「今使っている会場は、正社員が入るだけでほぼ満杯になります。当社にそんなにたくさんの人間が一同に会することのできる場所はありません」

理由の中に決定的なものは見当たらない。Qさんは、「情報は抱え込まないで外に向かって発信する時代である」「とり立てて機密事項というほどのものはない」「仕事は会社のみんなが心を一つにして、知恵を出し合って初めて向上する」と数回にわたって根気よく責任者に話した。やがて責任者は「やってみましょうか」という気持ちになった。

なにもしないと壁ができてくる

しばらくして責任者が「会場が確保できました」と報告に来た。聞くと、倉庫代わりに使っていた体育館があり、人事スタッフを中心に5S活動を展開したところ、全員が集まれるスペースになったという。最初の全員参加の合同朝礼の前日、Qさんは朝礼で話をする役員に、こう言った。

「今日からは合同朝礼に派遣社員やパートタイマーの方も参加します。これまでは正社員だけを対象に話をしていたので、むずかしい言葉を使ったり、『このくらいわかっているだろう』と話をはしょることもあったと思いますが、これからはできるだけ内容をかみくだいてわかりやすく話すようにしてください。今や仕事に非正社員の存在を欠くことはできません。正社員も非正社員も、みんなが同じ目標に向かって、同じ意識で仕事に取り組むことが大切です。合同朝礼はそういう場であることを頭に入れて、わかりやすく語りかけてください」

　非正社員の中には「一時間も話を聞かされるなんてめんどうくさいなあ」といやがる人もいたが、実際に参加した非正社員のほとんどは喜んだ。自分の存在が認められ、会社の方針をしっかり理解できたからだ。以降は、改善活動にも積極的に参加するようになった。やがて、月によっては非正社員の平均改善提案件数が正社員を上回るほどになり、会社の競争力も確実に高まっていった。

　改善活動の最大の褒賞は、金額の多寡ではなく、上司が「聞くこと、認めること」であると言われているが、Qさんにとっても、人事の責任者にとっても「人を認めること」の大切さを再認識する機会となった。

トヨタが少し前から始めた「八万人職場コミュニケーション総点検活動」というのがある。トヨタはタテ・ヨコ・ナナメの人間関係に代表されるように、コミュニケーションにはかなり気をつかっている会社だ。それでもこうした活動を行なうのは、職場での意思疎通の大切さを再認識する必要性を強く感じているからだ。

特徴的なのは、当時のトヨタの社員は約七万人なのに、スローガンは「八万人」となっている点だ。差の一万人は、期間従業員や派遣社員などの数だ。つまり、正社員だけではなく、トヨタで働く八万人全員が一体感を持って働こう、というのが目的であった。

なにもしないでいると、企業にはいくつもの壁ができる。組織の壁、間接部門と直接部門の間の壁、正社員と非正社員の間にも壁。壁をつくらない、できたら壊すことだ。社員の心が離れた会社は実にもろい。「心を一つに」は泥臭いが、非常に大切な言葉である。

summary

◎ △

人の才能にはかなわない
人の和にはかなわない

5章　「気づく力」「考える力」の急伸

「課題なき報告」「フォローなき解決」を認めない

1 「わかったか」「はい」では人は育たない

トヨタ式で人を育てるとき、言ってはいけない言葉がある。

「わかったか」だ。

よく使われる言葉である。時間をかけて仕事の手順などを教えたあとや、研修などでたっぷり講義を行なったあとなど、普通は「わかったか」と聞く。すると、普通は「わかりました」という答えが戻ってくる。そして、なんとなく終わってしまう。

だが、それでは人は育たない。言葉で「わかったか」と聞くのではなく、「この人間は十分にわかっている」と目で確認できるまで教えるのがトヨタ式だ。

間接部門より直接部門のほうがわかりやすいから、たとえば生産現場における新人への仕事の教え方を見てみよう。

①準備

教える側としての準備を行なうと同時に、習う側にも準備をさせてやる。たとえば、必要以上に緊張していると、能力いっぱいに修得するのが困難になる。適度な緊張を保ちつつ、平常の状態に気をほぐしてやる。ジョークを言う人や、深呼吸をさせる人などさまざまだ。あるいは、なんの作業をやるのかを話して、「覚えたい」という気持ちにさせる。

②ステップ

つぎに、作業のおもなステップを、一つずつ、言って聞かせ、やってみせ、書いてみせる。単に「やるから、見て覚えろ」ではなく、見せながら、順序よく、もれなく、わかりやすく説明する。わかるまで何度でも根気よくやってみせることが大切になる。

③急所

ステップを理解したら、心得ておくべき急所について話す。安全の確保や、仕事をやりやすくするコツなどだ。よく「忙しくて」と教え方をはしょる人がいる。だが、うまく伝わらずに教え直すよりも、最初にじっくり時間をかけたほうが効率的である。

④訓練

①〜③で、習う側は仕事の知識を身につけるが、知っていることと、できることは別である。つぎに体で修得させる。実際にやらせて間違いを直すだけでなく、やらせながら作業の

説明もさせる。説明させることによって手順を確認させ、頭と体に覚え込ませるのだ。

大野耐一氏は、よく「教育と訓練は違う」と、体で覚える「訓練」の大切さを説いていたものだ。とくに訓練では、「わかったか」「わかりました」はタブーである。「十分にわかっている」と実感できるまで確認する。

⑤フォロー

さらに、配属になってからも、わからないときに聞く人を決めておく。そういうきめこまかなフォローを続けるのは、人を育てることが時間と根気のいる仕事だからだ。仕事覚えの悪い部下も、なじってはいけない。「相手が覚えないのは、自分の教え方が十分でないからだ」と反省することだ。指導で大切な二つのポイントを知ってほしい。

・なにを教えたかではなく、なにができるようになったかが問題
・「わかるまで」ではなく「できるまで」教える

教え教えられの関係を築く

トヨタ式では、集合研修なども外部の研修会社に丸投げせず、可能な限り内製化している。

多くの企業では、人事・研修部は、研修会社にプログラム作成から講師まで依頼する。研修

にも、みずから参画するというよりオブザーバー的に見ているだけのことが多い。

だが、トヨタ式では、現場をよく知る社内の人間がプログラムをつくり、講師もつとめる。なかなか大変だが、意義は大きい。他社でよく見られる研修内容と現場実態の乖離《かいり》がほとんどなくなるからである。講師にとっても、研修で教えることは知識や経験の再確認となり、成長に役立つ。上司と部下は「教え教えられの関係」になるのがいいのである。

成果主義の弊害に、みんなが目先の成果に追われ、教え教えられの関係が壊れた点がある。また、組織のフラット化の弊害として、部下も指導経験も持たない上司が生まれたり、部下にだれの目も届かなくなっている問題がある。

トヨタ式は、そういうことと無縁だ。人は研修や資格だけで育つのではなく、上司や先輩との教え教えられの関係を通して成長していく。人事・研修部門は、研修や資格の制度づくりだけでなく、会社の中に教え教えられの関係を築くことに、心をくだくべきである。

summary

◎　△

わかるまで教える
できるまで教える

2 現場で手をかけずに大きく伸ばす

トヨタの人づくりについて、石田退三氏がこう言っていた。

「現場仕事にしろ、事務仕事にしろ、若くて有望なのがいたら、本人がネを上げるほど、つぎからつぎへと問題を与える。どこまでやれるか可能性をはかってみる。ちょうど獅子《しし》がわが子を谷底に突き落とすのと同じで、そこから這《は》い上がる根性を養うのが狙いである」

「獅子の子教育」とはすごい言い方だが、たしかにトヨタ式では、むずかしい課題を与えて、そこで必死になって知恵を出すことで人は成長すると考えている。

大野氏に厳しく鍛えられたトヨタマンが、こんなことを言っていた。

「人を育てる場合、少しずつ目標を高くする。最初は『この工程を直せ』から、そのうち『この生産ラインを直せ』、さらに『この工場を直せ』、最後は『あの会社を黒字にしてこい』というように。一つひとつの問題を解決しながら、ハードルが一つひとつ高くなっていくのです。大野さんに鍛えられたので、今改めて『あの赤字の会社を立て直してこい』と言われても、私は少しもあわてませんよ」

人づくりで重要なのは、上の人間が本気になって育てることだ。そのためには、研修だけでは育たないことを知ろう。現場に出て、むずかしい課題に取り組む中で、つまり仕事を通して初めて腹のすわった、知恵のある人が育つ。

トヨタ式では「自分を凌駕《りょうが》する部下を育てる」ことが求められる。人づくりができない人は、結局トヨタ式を徹底できないのだ。人を育てることの重要性については、ホワイトカラーもブルーカラーもない。しっかりと人を育てた企業だけが強い企業となることができる。

トヨタ式というと「トヨタ生産方式」に連想がいき、モノづくりのイメージがつきまとう。だが、実際には人づくりを含めての総合システムであると考えたほうがいい。

①人を困った状況に置く
②困った中で人が必死になって知恵を出す
③その知恵が世界に通用するモノを生み、人財を育てる

これがトヨタ式のアウトラインであり、モノづくりはこの中にすっぽり含まれると言っていい。大野耐一氏のすごさは「知恵を出して働く人間」を育てることに心血を注ぎ、育てる

道筋を確立した点にこそある。

「若いお前が泣け」

のちにトヨタ自動車の役員となったRさんは、若いころから大野氏に徹底して鍛えられた一人だ。

大野氏と初仕事をしたのは入社三年目。技術員として車体工場に勤務していたときだ。大野氏は元町《もとまち》（愛知県豊田市）の工場長としてトヨタ生産方式を実践していたが、Rさんのいた車体工場ではまだだった。大野氏が車体工場も直接指揮するようになり、トヨタ生産方式を本格的に導入することになって、Rさんと部長の二人が呼ばれた。

「この工場で非常にむずかしいことをやろうと思う。どちらかにやってもらうが、いずれにしても泣くことになるだろう。今さら部長が泣いても仕方がない。R、お前が泣け」

つくり方を根本的に変革する大仕事だ。普通は部長を先頭に立て、若いRさんたちが実働部隊として動くのが自然である。だが、大野氏は入社三年目のRさんに現場の陣頭指揮をとれと命じた。

なぜか。新しいことをやるときは、ベテランも新人も関係がない。むしろベテランだと、経験が邪魔をして新しいやり方に抵抗感があるかもしれない。部長でもいいのだが、頭も固いし、しんどいだろうから、よけいな先入観がなく、吸収力もある若いRさんが指名されたのだ。

Rさんは、大野氏から「若いエンジニアは部長と同格であり、場合によっては部長以上の仕事もできる。とにかくしっかりやれ」と激励された。だが、それまでの見込み生産を計画生産に変え、一カ月ロットでつくっていたものを一週間に縮めるのだから、入社三年目の若手が改革の陣頭指揮をとるのは大変なことだった。

つくり方を根本的に変えるのは、人間の考え方、行動の仕方も変えることになる。大野氏や部長たちがバックアップしてくれたとはいえ、現場の抵抗は強く、Rさんは相手にされないことも多かったという。それでも本気で取り組んでいるうちに少しずつ形になり、五～六年もしたころには、Rさん自身、相当鍛えられ、力がついてきたという。

summary

△ 適材適所で人は伸びる

◎ 適材適所に「適時」を加える

3 実行の人の育ち方

あるメーカーの改革推進のために部長として迎えられた元トヨタマンSさんは、トヨタ式を定着させるむずかしさを実感することとなった。

Sさんは生産現場が長く、今回のようにスタッフ的な立場で改革を進めるのは初めてだった。ただ、トヨタ式に関して十分な知識と経験を有していただけに、トヨタの協力会社と同じようにやればなんとかなると考えていた。

まず国内工場の改革を短時間で軌道に乗せた。

そのあと、海外工場に着手した。月に一回出張をし、トヨタ式の研修会を開催する。たくさんの社員にトヨタ式への理解を深めてもらい、現場で活かしてもらうプランだ。トヨタ式への関心はこの国でも高かった。毎回、予想を上回る人が参加し、実に熱心に勉強に励んだ。

Sさんは「日本人よりも熱心かも。この調子なら早く改革が進む」と喜んでいたが、やがて奇妙なことに気づいた。出張のたびに生産現場に顔を出すのだが、いつまでも改善が進んでいない。そこで、毎回研修会に熱心に参加している現場責任者に聞いた。

「毎回熱心に研修会に参加していますが、生産ラインに改善の跡が見られません。なぜ学んだことを現場で活かそうとしないのですか」

「トヨタ式には興味があり、勉強したいと思っています。ただ、改善をするのはスタッフの仕事で、私の仕事ではありません。私や私のラインの人間が改善を行なうことはありません」

トヨタ式は、現場で働く一人ひとりが気づき、知恵を出して改善を進めていく。ところが、この工場では改善はスタッフの仕事であり、現場の人間はスタッフの指示通りに仕事をしていればそれでよかったのだ。Sさんはそうした実情を無視して研修を行なっていた。知識は増やせただけで、「日々改善、日々実践」が定着させられなかったことになる。

Sさんは、知識ではなく「実行の人」の育成に重きを置くこととした。日本から改善の実行サポート担当を何人か呼んで、現場の気づきをすぐに改善という形で実行する体制を敷いたのだ。現場の人間の気づきや知恵こそが改善の原動力であることを目で確認してもらう。

最初は戸惑いを見せていた現場の人たちも、少しずつ「みずから改善する」ことの楽しさを感じ、そこにやりがいを感じるようになり、改革は軌道に乗り始めたという。

やらされ感をどうなくすか

Sさんが海外工場の生産改革に手応えを感じ始めていたころ、肝心の日本ではとんでもない事態が起きていた。国内工場の改革が、目を離している間に逆戻りをしてしまったのだ。

なぜか。Sさんは改革を早急に進めるため、権限をフルに使って上から改革を進めた。生産現場は従ったものの、心からの納得もなければ、自分たちの知恵もついていない。そのため、Sさんが海外工場へ力を入れ始めたのを機に、慣れた元のやり方へ戻り始めたのだ。

Sさんはトヨタ時代、時間がかかっても人を育てることが大切であるということを学んだ。だが、いざ自分が主導すると、功をあせって、人づくりより形を整えることに走った。

海外工場では、知識を詰め込もうとして実行をおろそかにした。国内工場では、権限を振り回したために、知恵を出す人を育てることができなかった。

Sさんは、トップの了解を得て、職長、係長、課長クラスの教育をやり直すことにした。狙いは、彼らを指示通りにモノをつくる人ではなく、「ライン経営者にする」というものだった。座学と現場実習を組み合わせた教育を行ない、「日々収支」を出して、徹底した原価意識を植えつけ、管理者としての自覚を各ライン長に持たせるようにした。

改善活動も上から「やりなさい」という「やらされ感」が強いと、一時的には熱心に取り組むものの、熱が冷めるとリバウンドも起きやすい。それに対し、一人ひとりが原価意識を持って取り組むと、時間はかかるものの、各人が「自分の城は自分で守る」という自覚を持てるため、「原価低減をとことん続けていこう」という気持ちになりやすい。

しかも、自分たちの改善が日々収支で目に見えるためやりがいが育つ。改革はこうしてようやく加速し始めた。

改革を進める立場に立つと、人はつい時間のかかる方法よりも、早く効果の出る方法を選ぼうとする。しかし、トヨタ式は、大野耐一氏が言うように権限や権力よりも現場の理解と納得が必要である。「人づくり」をともなって、初めて定着することとなる。「知恵のある人」「知恵を出して働く人」を時間をかけて育てれば、改革は自然と前に進む。

summary

△ 早く成果を出そう

◎ 早く知恵を育てよう

4 書類にするからスピードも鮮度も落ちる

ある企業の管理職に、報告書の書き方にやたらとうるさい人がいた。様式に始まって、言葉の使い方など一言一句に注文をつける。納得がいくまで何度も書き直させるから、時間がかかって仕方がない。しかも、それだけの手間と時間をかけてつくった報告書が、大して使われていないことがしばしばだ。「ムダ紙上司」とあだ名されていたという。

報告書に関して、豊田喜一郎氏にこんなエピソードがある。

喜一郎氏の友人の学者が仕事で渡米することになり、喜一郎氏は自動車産業を視察してきてくれるように依頼した。数カ月後、友人は帰国して喜一郎氏を訪ね、少し話をしたあと、「くわしくは報告書にまとめて提出するから」と言った。すると喜一郎氏は、「そんなものはいらないから、全部を今ここで話してくれ」と言ったという。

時間をかけて報告書をつくると、私見などが入り、かえって実情がつかみにくくなる。それよりも帰国直後に、アメリカのすごさを、感じたままナマで話してもらうほうが参考になる。それが「今ここで」となったようだ。

かつて、トヨタグループの始祖である豊田佐吉氏は、渡米した際に、紡績関係では驚くことも感心することもなかったが、自動車交通の発達と、自動車工場のスケールには驚嘆している。そして、それが「これからは自動車だ」と息子である喜一郎氏に自動車産業への進出をうながす一因となっている。

それほど現地での見聞は強烈な印象を放つ。

喜一郎氏が求めたのは、そうした生き生きとした報告であった。時間をかけ、私見を交えてまとめられる文字だらけの報告書ではなかった。

すべての報告書がムダだなどと言うつもりは毛頭ない。しかし、ある企業が間接部門のムダを抽出した際に、どの部署でも上がってきたのは「なんに活用するかわからないデータを取り続ける」「だれが読むのかわからないような報告書作成に時間をかける」だったという。

そこからもわかるように、報告書は、読まれ、実際に活用されてこそ意味があるにもかかわらず、そうではないデータ作成や報告書がたくさんある。実際にそうみんなが感じている。ときには口頭で簡潔明瞭に報告するほうが真意が伝わり、実際の役に立つこともある。

「結果は見たのか」を口ぐせにせよ

トヨタグループのある企業の経営者の口癖は、こうだ。

「私は課題のない報告は認めない」

たとえば部下がセミナーに参加したあと、簡単な報告書を持って報告に来る。その際、ただ「参考になりました」「役に立ちました」ではダメだ。「自社と比べてなにがよかったか」「それは自社の課題を解決するためにどのように使えるのか」の二点がきちんと報告に入っていなければならない。なおかつ「それをいつからどのようにして実行に移すのか」までないと報告とは認めない。

セミナー参加は、物見遊山ではない。現場が抱えている課題を解決するためのヒントを得、部下として成長するためだ。だから部下も、「上司に言われたから」と参加して、「ああ、よかった」では意味がない。問題意識を持って臨み、自社の現状と見比べながら学ぶ。そして、学んだことがどうすれば自分の現場の役に立つのかを真剣に考える。

上司も「ご苦労さん」ですませるのではなく、「なにが参考になったのか」「なにか職場に活かせることはあるか」と尋ね、あるとすれば「すぐに実行しろ」と背中を押す。

さらに大切なのは、二、三カ月後には「ところで、あれはどうなった」と必ずフォローを入れることだ。「報告する」というのは、なにを学び、どんな課題を見つけ、その解決のためにどうしようとしているのかをきちんと整理することである。

生産現場で大野氏に「改善をしました」と報告すると、必ずこう聞かれたものだ。

「結果は見たのか」

結果を見届けて、問題点をさらに改善して報告に行くと、つぎはこう問われる。

「ヨコテンはしたのか」と来る。

ヨコテンとは、横展開の略語で、一つの部署でいい改善ができたら、それを他部署にも広げていくことである。仕事とはそういうものだ。

報告の先にはつぎなる実行が必ずある。報告書をつくって終わるわけではない。それを体にたたき込むことが、トヨタ式人育ての大切な一側面である。

summary

◎ △

仕事は休み休み歩く長い坂ではないか

仕事は休んでいる間にも流れていく川だ

5

部下に「考える力」をつける法

トヨタグループのある企業の役員が部下に口癖のようにこう言っている。

「P－D－C－AにThinkを加えろ」

実際、P（プラン＝計画）、D（ドゥ＝実行）、C（チェック＝点検）、A（アクト＝改善）の随所で「考える」「知恵を出す」ことを求められる。それも半端な考えではダメで、とことん考え抜くこと、知恵を出し切ることを求められる。

若いトヨタマンTさんが、上司からむずかしい課題を与えられた。簡単には答えが出ない。必死になって考えたがどうしても答えが見つからず、仕方なしに「一生懸命考えましたがとても無理です」と言うと、上司にこう言われた。

「たった一日か二日考えて、ダメだと投げ出すのか。あと一日やるから、もう一度よく考えてみろ」

あと一日、必死に考えたが、やはり解決策は見つからなかった。まわりの人にもヒントをもらおうと聞いて回ったが、聞けば聞くほどみんなが「それは無理だ」と言う。考えれば考えるほど「できない」という結論になる。「これだけ考えてもダメなんだから、やはり無理なんだ。みんなもそう言うし、これは仕方がない」と考えたTさんは、上司のところに行って、できない理由を五つほどあげて説明した。

黙って聞いていた上司は、「わかった」とも言わなければ、「いいからなんとかしろ」と怒ることもなかった。ただひと言、こう言って終わった。

「わかった。じゃあ、ほかの人に頼むから」

これには拍子抜けしてしまった。直後は「肩の荷がおりた」と喜んだものの、やがて「あれでよかったのかな」と不安になってきた。Tさんの顔を見ても上司はなにも言わないし、つい「上司にダメな奴だと見放されてしまったのか」と心配にもなってきた。

数日後、上司がTさんを呼んでこう言った。

「この前の問題だけど一緒に考えようや。一緒に考えれば、やれんことはない。やっているうちに見えてくるから」

トヨタの上司は部下にむずかしい課題を与え、決して答えを教えることはない。「答えは自分で見つける」のがトヨタ式だ。かといって、本当に困って相談に来た部下を「そんなの自分で考えろ」と突き放すこともしない。部下に課題を与えたときは、上司も同じ課題を与えられたものとして一緒に考える。

部下が「できません」と言ってきたとき、「じゃあ、仕方がないな」では、「なんだ、この人も答えを持っていないのか」と部下があきれてしまう。困った部下には考えるヒントというか、サジェスチョンができないとトヨタの上司はつとまらない。

上司はTさんにとことん考えさせようとしたが、「どうすればできるか」ではなく、「できない言いわけ」に終始したために、いったんは「ほかの人に頼むから」と突き放したのだ。しかし、もう一度「一緒に考えようや」と手を差し伸べている。

できない言いわけより、「どうすればできるか」を必死に考えることが必要になる。上司はTさんに「できるまで考える」という執念を教えようとした。

五回の「なぜ」の注意点

トヨタ式は、「なぜ？　を五回」くり返して真因を見つけ、改善する。それについて、ある人がこんなことを言っていた。

「若いころ、研修会でむずかしい課題を与えられ、『なぜ？　なぜ？』をくり返してこの真因を探せ』と言われたことがあります。一回や二回は『なぜ？　なぜ？』とくり返せるのですが、ある程度いくと先へ進めなくなります。

講師に『どうだ、わかったか』と聞かれ、わかってはいなかったのですが、わかったふりをして適当に答えたところ『一回か二回、型通りに、なぜ？　と問いかけて、わからないからとあきらめて適当な答えをでっちあげてどうする。簡単にわからないからこそ根気よくなぜをくり返すことが大切なんだ』とこっぴどく叱られました。以来、途中で壁にぶつかってもあきらめずにしつこく何度もなぜをくり返すようになりました」

簡単に答えが見つかるようなら「なぜ」を何回もくり返す必要はない。むずかしいからこそ根気よく「なぜ」をくり返す。

トヨタ式は「よく考える」ことを重視する。自分の頭で考えて「知恵を出す」ためだ。それはTさんが経験したように、目の前の問題についてはもちろんのこと、上司の指示に対しても同様だ。

Tさんに執念を持って考えることを教えた上司は、若いころ、大野耐一氏のもとで改善に励んでいた。大野氏が夕方やってきて問題を指摘して、朝早く見に来るのにはほとほと往生したという。大野氏は問題を指摘して、直し方についてヒントめいたことを言う。朝早く見に来るのを知っているTさんの上司は「とにかく急いで直さなければ」と大野氏の指示通りに改善をする。

すると、翌朝、見に来た大野氏にこっぴどく叱られた。

「なぜ言う通りにやる。ワシの言った通りにやる奴はバカ。やらない奴はもっとバカ。もっと上手にやる奴が利口」

限られた時間の中でもよく考えて、自分なりの知恵をつけて、大野氏が言った以上にもっとうまくやれ、というわけだが、これは本当にきつかった。しかし、そうやって鍛えられたからこそ、むずかしい問題を前にしても簡単にはあきらめない考える執念が身についたという。こうして鍛えられた「考える力」は、一生の財産として使える。

summary

△ 部下に教える上司

◎ 部下に気づかせる上司

6　一気にやるか積み上げ式か

別項で、早い段階で優秀な人財を抜いて、あとは残った人間で創意工夫をしろという間接部門改革を紹介した。少ない人間で従来より効率よく業務ができるようになり、抜かれた人財は優秀な人たちだから、他部門の活性化や、新部門の立ち上げに成功した事例だった。

間接部門の少人化、活人化が課題ではあっても、なかなか実践できなかった時代だけに、この事例が専門誌などに取り上げられると、全国からたくさんの企業が視察に訪れたという。

その結果はどうだったのか。

改革を率いた役員がこんなことを言っていた。

「当社のようにトップダウンで人を抜いたのは、依頼したコンサルティング会社の事例にもないそうです。早く効果を出すには、この方法しかないのですが、抵抗も強いだけにトップをはじめとする担当者に、相当の覚悟が必要です。話を聞きに来る人はたくさんいますが、やり抜いたという話はまだ聞いていません。社内の抵抗で挫折したケースが多いようです」

なにかを変えていこうとするときには、反対する人の抵抗は避けられない。抵抗に負けて変えることをあきらめるか、それとも抵抗に負けることなく変えていく努力を続けるかで大きな違いが出る。とはいえ現実にはよほど困っていない限りはなかなか変えていこうという意思を押し通すのはむずかしい。それでも、なにがなんでもやってみようというときにはどうすればよいか。

大きな改革よりは小さな改革、まずは試しにやらせてくれ、というところからスタートを切るのが一番いい。

ある県庁にＶＥ（バリューエンジニアリング）の仕事で行った際、担当者が試みたのはまさにトヨタ式で言うモデルライン方式だった。

たとえば工場の生産改革を進める場合、すべてのラインをいっせいに新しいやり方に変えると、現場の抵抗も強く、混乱も生じる。複数あるラインのうち一本だけを新しいラインに変え、そこで徹底的に改善を行なう。そのラインで働く人はもちろん、ほかのラインで働く人も新しいやり方を実際に見ることで、従来のやり方と比べてどうか、どちらがよいかといったことを目で確認できる。みんなの理解と納得が進むにつれてほかのラインも変えていけば比較的スムーズに生産改革を進めることができるというわけだ。

担当者は、公共事業費が削減される中、住民のためにコストをできるだけかけずに社会資本の充実をはかる方法はないかと考える中で、アメリカで公共事業費の削減に大きな効果を発揮したVEに注目、研究を重ねていた。そして、ある時期、「財政の健全化に向けゼロベースで考えてほしい」というトップの方針とVEの理念が合致したことで実施への決意を固めた。しかし、トップの理解があるからといって、従来のやり方とは大きく異なるやり方のため、なかなか周囲の理解は得られなかった。

「そんなのをやってどうなるんだ」「今までやってきたよ」といった反対の声を前に、担当者が考えたのは、従来のやり方を突破するために、具体的な事例を見せる必要性だった。「まず試しにやってみよう。うまくいけばみんな納得する」と考え、一気にやることよりも、少しずつでも確実な成果を上げることで、人を育て、ノウハウを積んでいく。

ゼロからやり直すのはいい改革ではない

これは筆者の持論だが、現在やっていることがたとえ間違っていたとしても、それはずっと間違っていたわけではない。過去懸命にやってきたからこそ今がある。それを無視して過去を全否定すると、人は強い抵抗を示す。モデルラインや小さな成功体験を通じて「今なにが必要なのか」「従来のやり方をどう変えなければならないのか」を目で確認し、理解してもらう。そのほうが、人を納得させられる。

人は「一気に変えたい」と革命のような変化を望みがちだが、実際には粘り強く地道な努力の積み重ねが必要だ。たとえば上司に改革を訴える。一度で意見が通ることはめったにない。かといって一度の「ノー」であきらめてはだめだ。

トヨタ式には「何度も提案するのならよほど大事な案件なんだな。一緒に考えようか」という風土がある。二つの異なる意見があるなら、どちらもやってみて目で確認すればいいという風土もある。そんな風土がなくても、「上はわかってくれない」と嘆く前に、「一度やらせてみてくれ」と成果を実証すればいいではないか。

summary

△ 問題が見えれば解決する

◎ 問題を視える化して解決する

7 部門の壁をまたいでいく

あるトヨタ式実践企業では、一つの工場の中でまったく異なる業界のモノづくりを行なっている。一つのラインはベッドを、別のラインは洗浄式トイレを、もう一つのラインでは空調の機械を生産しているという具合だ。

なぜか。一つの業界のモノだけを生産していると、その常識にとらわれたつくり方しかできなくなるからだ。複数の業界にすると、それぞれ常識にとらわれないモノづくりができる。

もう一つ理由がある。一つのモノだけをつくっていると景気の影響を受けやすいが、いくつかの業界にまたがっていれば景気の影響を分散化できるためだ。工場全体では平準化生産を進めやすくなる。

ただし、社員がたった一つの業界のモノしかつくることができないようでは、効果ゼロだ。最低でも二つ、可能なら三つの製品すべての生産に関われることが条件となる。少ない人数で、ムダを省いた仕事を進めるには、一つの仕事しかできない単能工ではなく、いくつもの仕事をこなせる多能工、マルチタレントであることが望ましい。

トヨタ式では能力を「星取表」にあらわして、できるだけたくさんの能力を身につける訓練を行なっている。

こうした多能工化は、仕事の全領域に及ぶ。たとえば車の開発に携わる技術者に関しては「マルチ技術者構想」を進めている。

これまで技術者の多くは専門領域を突き詰めてきたが、最近では地球温暖化への対応など課題が桁《けた》違いに大きくなり、複数の領域に関わる知識、また複数の領域の力を結集することなしには解決が困難になっている。専門や領域の壁を越えて、たくさんの人が手を組むことが重要になってきたのである。

技術者に関しても、専門領域を突き詰める人とは別に、設計開発や生産など幅広い分野に精通した「一人二役」「一人三役」をこなせる存在が必要になっている。こうしたマルチな技術者育成は、今後のトヨタ式のモノづくりのポイントとなる。

技術者にマルチ技術者が求められる以上、間接部門のスタッフにマルチタレント化が求められるのは当然のことと言える。

マルチタレント化のむずかしさ

トヨタグループのある企業が間接部門改革を進める過程でぶつかったのは、マルチタレント化のむずかしさだった。

競争力のある間接部門をつくるには、人員を大幅削減する必要がある。削減した人間を海外工場支援スタッフとして送り出したいと考えていた。その際、たとえば総務と経理と人事と広報、といった具合にすべての部署の人間を一人ずつ送り出すのでは効率が悪すぎる。できれば一人の人間が複数の業務をこなしてくれれば、あとは現地スタッフで業務を回すことができるのだが、間接部門改革の過程でスタッフ全員の星取表を作成したところ、それだけの能力を持つ人間はだれもいなかった。

それどころか専門領域に限ってみても必要な知識や技能のすべてを備えている人はおらず、たとえば「経理の専門家」を自負していた人でさえせいぜい半分できればいいほうだった。複数の領域をこなすマルチタレント化どころか、まずは専門領域での能力をいかに高めるかが課題となった。

もっとも、それほどの時間をかけている余裕はないため、一方で間接部門の少人化を進めつつ、一方でできるだけ多くの人に複数の領域を経験してもらう体制へと移行した。

まずは「見たことがある、聞いたことがある」というレベルを目標とした。たとえば海外工場の支援スタッフとしていくつかの部門を見なければならないとき、「自分は経理しかわからない」ではなく、総務や人事といった仕事に関しても、完璧な知識はないものの、多少なりとも見たこと、聞いたこと、やったことがあれば、ある程度はカバーできる。そこから先については本人が努力をする必要があるが、経験を積むことによって身につく面もある。

見たこともないし、聞いたこともないものに対しては、人は拒否反応を示すが、多少なりともやったことがあれば、なんとかなるものだ。

間接部門の競争力を高めるために、マルチタレント化は欠かせない。まず業務の標準化を進め、複数の部門を「見たことがある、聞いたことがある、やったことがある」人をつくることが必要だ。完全なマルチタレント育成の第一歩として、このレベルから始めるといい。

summary

◎ 専門性を高めよ

△ 専門にこもるな

6章　「全体最適」意識の定着

「上司のため」「会社のため」を根絶せよ

1 まだまだお客様意識が鈍すぎる

生産現場に比べて、間接部門の改善はなぜ進みにくいのだろうか。理由の一つに「お客様はだれか」「なんのためにに仕事をしているのか」という問いかけが不足していることがあげられる。

「だれのため」「なんのため」が希薄だから、「なんとなく」仕事をしてしまうのだ。

そうあらためて感じたのは、別項でもふれたが、VE（バリューエンジニアリング）の仕事で、ある県庁の土木建築部を訪ねたときだ。多くの自治体同様、その県の財政状況も深刻で、平成十八年度の公共事業予算は、ピークだった十年度の半分近くに落ち込んでいる。しかし、だからといって、事業規模も半分にばっさり切り捨てられるわけではない。社会資本の整備はまだまだ必要だし、県民のニーズもますます多様化、複雑化している。

たくさんのやるべきことを、半分の予算でやるためには、従来の公共事業のやり方を踏襲せず、新方式でブレイクスルーするしかないと、土木建築部は考えていた。そこから、VE手法の導入による「よりよく、より安い」社会資本整備が始まった。

VE手法に関するくわしい説明は割愛するが、計画・設計の段階から見直して、これまで六プロジェクト、計八十億円以上ものコスト縮減を実現した。当初予算の六四パーセントも減らした計算になる。

この改革は緒についたばかりで、公共事業全体をカバーするには至っていないが、確実にコスト縮減に貢献したのはうれしいことだった。また、県庁にとって、改革を通じてさらにうれしいことがあった。多くの職員が「よりよいものを、より安く県民に提供しよう」という改善意識を身につけるようになったことだ。

自治体の職員は、役所特有の前例主義もあり、現状維持の姿勢となりがちだ。実際、従来は計画だけを立て、あとは業者に発注して終わりだった。だが、改革で、職員みずからが現地に行き、住民の声を聞いてニーズを聞き取り、それをいかに活かすかを自分たちで考えるようになった。その結果、問題解決力が高まり、技術力も大幅に引き上げられたという。

今では職員は、つねにこう問い続けている。

「自分たちの存在意義はどこにあるのか」

「この事業は本当に必要なのか」
「自分たちのつくった社会資本に本当に県民は満足なのか」

だれのためにかを問い直す

大野耐一氏は、よく「改善にはニーズが必要だ」と言っていた。強烈なニーズがあれば、人は自然と知恵を出すようになる。だが、ニーズがないと「改善でもするか」となり、単なる「改善ごっこ」となりやすい。

ニーズは、お客様の要求や要望であり、企業の置かれた現状から出てくるものだ。一つひとつの仕事に関し、「だれのために」「なんのために」を問い直してみるといい。はたして、そこに自分の存在意義はあるだろうか。

トヨタ式改善には「改善はお客様のためにある」という強烈な自負心がある。だから、お客様のためにならない仕事を「ムダ」と呼ぶのだ。ホワイトカラーの改善は、仕事の意義と、みずからの存在意義を問い直すところから始まる。

生産現場の例を出そう。

大量生産型の場合、つくったモノはすぐにお客様の手に渡るのでなく、倉庫に運び込まれ、出荷される日を待つことになる。すると、「つくること」が仕事になり、「だれのために」を意識することがなくなってしまう。つくったモノがそのまま出荷され、お客様のもとに納品されるようになれば、お客様を意識した仕事となる。「お客様のために日々改善を」と意識が変わりやすくなる。

あるハウスメーカーが、家を一棟建てるのに必要な資材や部材をセットでつくり、そのまま建築現場に運び込むやり方に変えた。すると、工場の人たちからその資材や部材に「お客様の名前を入れさせてください」という提案があった。社員が自分たちの仕事は単にモノをつくることではなく、「○○様のためにつくる」ことを強烈に意識するようになったからだ。名前を入れるようになって以来、同社の改善は急速に進むようになったという。

改善には「だれのため」「なんのため」の仕事かを意識することがどれほど大切かを、この話はよくあらわしている。

summary

◎ 自分の問題は熱心に考える

△ お客様の問題を熱心に考える

2 発想の原点を決めておく

トヨタが世界的にブランド価値を一気に高めたきっかけは、ハイブリッドカーの発売だ。当初は価格面で割高感があったが、「環境にやさしい車」が評価され、環境に敏感なハリウッドスターたちが愛用したことから、トヨタ自体の評価も高まることとなった。

もしこの車がなかったとしたら、トヨタがGMに追いつくには、まだかなりの時間がかかったのではないだろうか。

それほど、今日の企業にとって「環境」は重要なテーマとなっている。

「環境にやさしいモノづくり」のためには、資源を大切に使うことや、エネルギーの使用を少なくするといったことが重要になる。合わせて、長年お客様が使った商品がリサイクルしやすいものであることも大切になる。

お客様のもとから引き上げてきた商品が解体しやすく、かつその商品に使っていた部品が再度使用できる率が高ければ高いほど、産業廃棄物のムダを出さなくてすむ。そのためには商品の設計段階から、そうしたことを考慮に入れおくことが必要だ。しかし、設計者の中には、そんなことはおかまいなしの人がいる。

ある複写機メーカーが商品の解体性を設計段階から高めようと、ある試みをした。設計者を解体専門業者の所へ案内して、どのように解体作業を行なっているのかを実地で見てもらったのだ。設計者は、自分のつくった複写機が実際にお客様のところでどのような使い方をされているかはよく知らない。ましてや御用ずみとなった複写機がどこでどのように解体されているかは見たことがない。

話に聞くのと自分の目で見るのとでは印象は大きく違ってくる。解体作業を見ながら、一人の設計者が「やはりリサイクル対応設計ができているかどうかで、効率がずいぶん違うものだな」と印象を口にした。

解体現場の見学から数日後、設計者が数名集まって、実際に自分たちの手で複写機を解体してみることにした。彼らは設計のプロとして、複写機のことはだれよりもよく知っていると自負している。当然、解体業者以上に早く解体できると思っていたが、いざ始めると、なかなか思うように進まなかった。モーターをはずすのに、二十分以上もかかったりした。モーター周辺にはさまざまな部品がついていることは事実だが、当然故障する可能性もある。にもかかわらずこれだけ解体性が悪いと、仮にモーターを修理したり交換するとなると大変な手間と時間がかかることになる。サービスマン泣かせの設計と言える。

さらに、別の部品をはずそうとネジをはずしたはずが、肝心の部品がどうしてもはずれなかった。「おかしいなあ、ネジは全部はずしたのに」と周辺を調べてみると、外側からは見えにくい場所に最後のネジが一本とまっているのが見えた。

なぜそんな見えない場所にネジをつける必要があったのか不思議だ。設計者の一人が「たぶんコピーのカバーを開けたとき、あまりたくさんのネジがあると見ばえが悪いからじゃないか」と解説をした。

アップル創業者でCEOのスティーブ・ジョブズは、初めてパーソナル・コンピュータをつくったとき、だれも気にしない回路のハンダづけの美しさにとことんこだわったという話を聞いたことがある。エンジニアというのは、だれも気にしないところに妙な美学を見出す傾向があると見える。

解体作業を一通り終えたあとのみんなの感想はこうだ。

「それにしてもひどい設計だ。いったいだれが設計したんだよ」

幸いにして同席した人の中にはこの複写機の設計者はいなかったが、みんながそれぞれに思い当たる節はあったようで、「もうちょっと後工程のことを考えて設計しないとダメだなあ」というのが全員の実感だった。

発想はつねに後工程の「しやすさ」から

複写機メーカーのある生産子会社は、トヨタ方式をベースとする改革を進める過程で、開発設計部隊が入っているビルの一階にコピーセンターを開設したことがある。

近くに学校があり、学生の利用者が見込めるという好立地が開設の理由の一つである。だが、もう一つの理由は、エンジニアにコピーの利用者と直接ふれ合う機会をつくりたいという考えからだ。

エンジニアは自分の技術に自信を持ち、新しい商品を設計するときにはできる限り新しい機能を盛り込みたいと考える。商品の差別化という点では大切だが、問題はその機能をお客様は本当に喜んで使ってくれているのかということだ。

お客様がさほど必要としない不必要な機能を盛り込むことはコストを引き上げるだけのムダな作業でしかない。

エンジニアに定期的にコピーセンターの業務を担当してもらい、お客様がどんな機能を望み、どんな機能を必要としていないのかを自分の目で確認してもらうというのが同社の狙いだった。

いろいろとおもしろい発見があった。自慢の機能をだれも使わないかと思えば、ある機能は自分たちが想定していたよりもはるかに上手にお客様が使いこなしている。この経験を通して、お客様のニーズに関心を持つことの大切さを再認識したエンジニアが多かった。

仕事はつねに後工程の「しやすさ」を考える必要がある。設計者は「つくりやすさ」「運びやすさ」「売りやすさ」「修理のしやすさ」「解体のしやすさ」などを考えて設計をする。同時に生産や物流、販売、サービスやリサイクルに携わる人たちは自分たちの「もっとこうしてほしい」という気づきを遠慮なく前工程に伝える。そんなサイクルが回るようになれば、仕事の質は確実に高まる。

summary

△ 相手に要求する

◎ 相手の要求に応える

3 意識のズレの微調整

営業マンがお客様に伝えたいことと、お客様が聞きたいことの間には往々にしてズレがある。正確に対応しないと、がんばりが迷惑になってしまう。

ある若い営業マンUさんが、ショールームでこんな苦い経験をした。

新製品の発表会場に、中堅企業の社長がやってきた。長年、Uさんの会社の製品を使ってきた上得意だ。製品を最新のものに入れ替えたいとやってきたようだ。買う気満々のお客様だ。Uさんは、社長とは一応面識があったので、ここぞとばかりに張り切った。そばにぴったりくっついて、今度の新製品がどれだけすぐれているか、とうとうと説明した。発表会に向けて懸命に勉強しただけに、話は山ほどあった。

社長は、最初は熱心に耳を傾けていたが、そのうちに迷惑な顔をし始めた。心ここにあらずという感じで、話を聞いていないのは明らかだった。「説明の仕方が悪いのかな」と思ったUさんは、技術スタッフや上司まで呼んできて、さらに説明を続けようとした。

これがまったくの逆効果となった。社長はあきれた顔をしてこう言った。

「君はさっきから製品の説明をしている。私が聞きたいのはそんなことじゃない。この製品を導入することで、私の会社の仕事がどう変わり、経費はどうなるのかということなんだよ。もう君の説明は聞き飽きた」

そう言うと社長は会場をあとにした。Uさんは「大変なことをした」とあわてて追いかけたが、遅かった。社長はいったん決めていたUさんの会社の新製品の購入を保留にして、他社製品について検討を始めることとなった。

「できる営業マン」と言われる人たちに会うと、話し上手というより、聞き上手の人が多い。なぜか。お客様の話に耳を傾けたうえで、聞きたいことに答える話し上手ならともかく、聞きたくもない話をするのは、単なるおしゃべりだからだ。営業マンにも「お客様はなにを求めているのか」という視点がないと、セールスはうまくいかないことが多い。

問題は個人の力より全体のシステム

トヨタ式をベースとする改革を展開するハウスメーカーの課題は、戸建て住宅の契約にあたり、営業マンがお客様のニーズをうまく汲み取れないことだった。設計を何度もやり直さなければならないムダを、解消しなければならない。

建売住宅でなく注文住宅の場合、お客様の意向によってプランが大きく変わってくる。営業マンは、お客様の意向を設計図に反映できるように努力するのだが、ご夫婦それぞれの希望が違っている場合も多く、図面を見て「えっ？」となることも多い。こうしたやりとりが二度も三度もあると、コストに跳ね返るだけでなく、お客様も、言いたいことが伝わらないことにいらだつ。

そこで、経験の浅い営業マンでも、ムダなく設計図が書けるように業務の改善を行なった。「こういう家を建てたい」という希望は、ご夫婦の場合、夫と妻の両者に別々に書いてもらう。ご両親と同居する場合、ご両親にもアンケートを書いてもらい、お子さんに希望を聞くこともある。

その結果をもとに営業マンがオリジナルソフトを使ってイラスト化をする。設計図は素人には簡単にはわからない。不完全なものでもイラスト図面はすぐにわかる。意見を出してもらい、最終的にどんな家にしたいのかという合意を形成していく。営業マンは、その場でつぎつぎと修正をして「これでいこう」という形が見えてきたら初めて設計部に持っていき、図面化してもらうのだ。

これを始めて以来、食い違いが大幅に減った。なにより営業マンとお客様に信頼関係が生まれ、契約から設計、施工と移っていく中で、お客様も営業マンになんでも相談をすることで、納得のいく家づくりができるようになった。

「あんな家にしたい」「こんな家にしたい」という思いを言葉だけで伝えるのはむずかしい。わかりやすいイラスト図面を使うことで、営業マンとお客様の思いがズレることも少なくなった。

互いの思いがズレる原因を、営業マンの力量だけに負わせては改善は進まない。経験の浅い営業マンでも成果を上げられるように、業務の標準化、プロセス管理を進め、サポートツールの充実をはかる。ささやかでも確かな成功と、お客様との信頼関係が得られれば、営業マンは自然と力をつけ、一人前に育つ。

summary

△ がんばったんだから評価してくれ

◎ 評価されるようにがんばろう

4 与えられた仕事から自分でつかんだ仕事へ

仕事は、「お客様がなにを求めているのか」「自分のやるべきことはなにか」を考え、みずからつくり出していくものだ。上から与えられるものではない。

渡辺捷昭氏のキャリアは、人事部厚生課でスタートしている。当時は事務職を大量採用していたため配属先がなく、人事部のリザーブ要員として、給食係をやることとなった。仕事と言えば独身寮や社員食堂の食事管理だ。最初はあまりやる気が出なかった。かと言ってなにもしないわけにもいかず「とにかく現場へ行こう」と、近くの元町工場に通った。社員食堂をじっと見ていると、たくさんのムダやムラ、ムリがあり、改善すべき点が多いことに気がついた。トヨタ式「現地現物」の効果である。

たとえばご飯を一膳ごとに弁当箱に詰めていたが、大きなおひつを置いて各人が自由によそえるようにしたほうが効率的だ。食券よりも金券のほうがよい。そんなアイデアがつぎつぎと浮かんできた。

さらに、仕込み量と食べた量の割合を「喫食率」と名づけて、毎日データをとった。それまで社員食堂は勘と経験で運営されていたが、そこに統計的手法を持ち込むことで、よけいな仕入れや、残飯を減らせる。メニューの改善にも役立てることができる。

こうした活動が、当時盛んに行なっていたＴＱＣ活動の推進チームの目にとまり、渡辺氏もチームのスタッフに加わることになった。そして、現場の人たちとあれこれ知恵を出しながら社員食堂の改善活動を進めるようになった。

現場を歩いてしっかり見ること、「なぜ」をくり返すこと、みんなで知恵を出し合うことといったトヨタ式の基本を、渡辺氏はここで身につけたという。


「向こう一年仕事はありません」

ある企業の経営者は新入社員として入った会社で、上司からいきなり「向こう一年間、あなたにやってもらう仕事はありません」と言われた。「これから社会人としてがんばるぞ」と張り切っていただけに大変なショックを受け、最初の三カ月はただ戸惑うばかりで、「本当に遊んでいた」という。

しかし、いつまでも遊んでいるわけにもいかず、つぎの三カ月間は仕事を探すのに費やした。その結果、「類似品リストの作成」という仕事を見つけ、部品の標準化を行なった。これは設計部が大変喜んでくれて、その後、五年間ぐらいはそのリストが活用されることとなった。

当時を振り返ってこう話している。

「非常に貴重な一年でした。あのときの上司は、最初はとんでもない上司だと思ったけど、今では感謝しています」

いったいこの経営者は上司のなにに感謝しているのか。

上司が教えたかったのは「仕事は自分で探し、壁にぶつかりながらやっていくものだ」ということであろう。以来、この経営者は新しい部署に異動になるたびに「この部署はだれのため、なんのために仕事をするところか」と問いかけるようになり、つねにお客様を意識した、お客様が必要とすることを仕事としてやろうと心がけるようになったという。

トヨタ式改善を進めるコツのひとつは、お客様にもっとも近いところから着手することだ。

たとえば最終の組み立てラインから着手するといい。ムダな在庫を持たずにお客様が必要とするモノを必要なときに届けられるように努める。大量生産大量在庫を抱えていた企業にとっては大変な作業だが、ここでとことん改善を加えることで、改善は少しずつ前へ前へと波及してつくり方を大きく変えていくことができる。改善はお客様のために行なうものであり、生産工程もお客様のためを意識することで変わることができる。

間接部門も同様で「お客様を中心に考える」ことで、「なにが問題か」「なにを改善すべきか」が見えてくる。間接部門の改善は直接部門に比べてどうしても動きが鈍くなる傾向があるが、それは間接部門の仕事の進み方をきちんと見切ることができないことと、お客様から遠いところに原因がある。自分の部署の仕事の進み方を、根気よく、じっと見てみるといい。

あるいは、一日の動きをビデオにとってじっくりと見てみるといい。合わせて自分のやっている仕事の一つひとつについて「だれのため」「なんのため」と問い、後工程に行って「なにか私たちに注文はありませんか」と聞いてみるといい。恐らくたくさんのムダやムラ、ムリが見えてきて、「改善しなくては」という気持ちになるのではないだろうか。

summary

△ 目的は利潤の追求だ

◎ 目的は利便の生産だ

5

数字になりにくい改善を進める

間接部門の改善がむずかしいのは、結果が数字になりにくい点にある。改善は「この問題をなんとかしなければどうにもならない」というほどの困った状態で必死に知恵を出すとうまくいく。数字が見えない中で進めると、ニーズのはっきりしないものになりがちだ。

V病院は、トヨタ式をベースとした改善で大きな効果を出していた。たとえば長すぎる待ち時間がそうだ。平均九十分かかっていた。医療はサービス業であると考える院長にとって、なんとしても解消したいテーマだった。一カ月あたり百件を超えるムダを見つけては改善するという積極的な取り組みの結果、二カ月で、待ち時間をほぼ一時間以内にまで短縮することに成功した。

病院には、患者様（お客様）が診察も受けず、事務作業も進んでいないという「停滞」が存在し、それを解消するだけでもかなりの時間短縮が可能になったという。病院のカルテをトヨタ式の「かんばん」（一種の情報伝達ツール）の代わりにすることで、医師や看護師などの都合で進めていた診療や検査などを患者様の都合に変えたのである。

その後も「全員が自分の職場で一日最低一個のムダを見つけて改善策を考えよう」というスローガンのもと、日々改善活動を続けている。

ところが最近、「改善が本来の目的をはずれていないか」と院長は悩むようになった。「そこまでやらなくてもいいのでは」と言われたサービスがいくつかあるのだ。

たとえば待合室に、自由に使えるマッサージチェアが何台も置いてあるのはどうか。待合室で、スタッフが飲み物の好みを聞いて持って行くのもいかがなものか。デイサービス部門では、利用者の都合にすべて応えようとして車の台数が増えすぎてしまった。いずれも患者様のためによかれと思った改善なのだが、本来の改善とはやや違った方向に進み始めているように思えた。

改善にはニーズが必要だ。

原価が下がり、生産効率が上がる。そうしたニーズのない改善は、「思いつき改善」「改善ごっこ」となりやすい。また、改善はお客様のために行なうものだ。だから、お客様の満足はどこにあるかを見きわめないと、ただの過剰サービスになりやすい。

大切なのは予算の中でやること

V病院が目ざすのは、患者様のためのよりよい医療の提供だ。その趣旨からはずれたものや、原価を引き上げるような試みを、改善と誤解してはいけなかった。

V病院では、これまでどんぶり勘定に近かった数字を部門ごとに明確にして、各部門が数字を見ながら改善に取り組む体制へ移行した。数字が見えれば、問題点や改善点が見えてくる。コストがかかってもやらなければならないことが医療にはたくさんあるが、その際も数字を見ていれば、予算の中でやる知恵が湧くことになる。

たとえばデイサービスの送迎なら、利用者の都合にすべて合わせようと車を増やすのでは、コストを上げるだけになる。利用者一人ひとりと相談し、送迎スケジュールを組み直すことで、少ない車で十分なサービスを提供できるようになった。

当初、スタッフの中には数字に対する嫌悪感を持つ人もいた。だが、実際には安いコストでよりよい医療やサービスを提供するためには、かかるコストを知ることが大切だとわかり、数字に基づく改善活動に積極的に取り組むようになった。

V病院の改善活動が新たな段階へと進んだ瞬間でもあった。

トヨタの会議室には、こんな貼り紙がしてある。

「あなたの年収が○万円の場合、時給は○円です。会社はあなたにこれだけのコストをかけている。それだけ意味のある会議をしていますか」

トヨタの社員は自分の時給に限らず、ものの値段を実によく知っている。一枚のコピーのコストを知っていれば、わざわざ用紙の裏を使わなくとも、ムダなコピーなどしなくなる。

間接部門で働くスタッフも、自分の時間を時給換算してみるといい。

自分がいるオフィスのスペースは一坪いくらなのか、電気代などを含め、自分が残業をすることでどれだけのコストがかかるかを計算してみるといい。

ホワイトカラーがコストを少しでも減らせば、企業は確実に強くなる。それでもあなたは「間接部門の改善はむずかしいよ」とあぐらをかき続けるのだろうか。

summary

◎ 自分はコストだ
△ 自分は労働力だ

6 トヨタ式成功スタッフの条件

これまでの話をまとめて「スタッフのための十カ条」を筆者なりにまとめてみる。

①「この仕事はなんのため」を問う

上から言われたから、決まりだからと仕事をするのではなく、「本当に必要なのか」「なんの役に立っているのか」と考えることで、ムダを見きわめる目が育まれ、仕事からムダを排除することができる。

②「お客様はだれか」を意識する

トヨタの間接部門が改革に乗り出したきっかけは、生産現場からの「あなたたちは私たちになにを提供してくれるのか」という問いだった。付加価値を生むのは直接部門であり、間接部門はサポーターだ。直接部門というお客様になにを提供するのかを考えたい。もし、やっている仕事にお客様がいないとすれば、その仕事は今すぐにやめてもなんらさしつかえないはずだ。

③原価知識より原価意識を持て

大切なのは知識をため込むことではなく、実行である。「トヨタ生産方式は原価知識で考えると理解できないが、原価意識で考えると理解も実行もできる」と言われている。

④プラスアルファの知恵をつけろ

言われた通りの仕事を続けるだけでは進歩向上は望めない。最初は少しだけでいいから、自分の知恵を加える。やがて「もっと」を考えるようになる。

⑤現場に深い関心を持て

生産現場の改善スピードは速い。たくさんの工夫が「視える化」されている。間接部門の人の中には、ほとんど現場に足を運んだことのない人がいるが、それでは改善は進まない。生産現場が一円二円の原価低減に工夫をこらしているさまに学ぼう。

⑥仕事の視える化、標準化を進める

視える化を進めることで改善が進む。改善結果を標準化して、それに改善を重ねることで競争力が強くなる。間接部門は専門分野に細分化される傾向があるが、これでは情報の共有がむずかしい。仕事は標準化して、新人でもできるようにする。「あの人がいないとわからない」から脱することで、間接部門の改革がスタートする。

一人で悩むな、百人で悩め

⑦絶えざるベンチマーキングを

間接部門は競争意識が希薄だ。競争相手と比較して「勝つためになにをすべきか」がなければ、自分の仕事レベルもわからない。間接部門の仕事は単純にベンチマーキングできないが、同業他社と、人数、仕事の量や質などから比較を始めよう。

⑧問題の先送りをするな

大企業病の最たるものが先送りだ。問題があるということは、それで困っている人がいるということだ。気軽に「明日やればいい」と考えない。相手のことを考え、今日のことは今日片づける。

⑨一人で悩むな、百人で悩め

仕事は人と人のつながりの中で進んでいく。たくさんの人的ネットワークを持ち、知恵を集めよう。トヨタ式には部署や年齢を越えたタテ・ヨコ・ナナメの人間関係が存在する。間接部門の人は、ぜひ生産や営業の現場にこうしたネットワークを持ちたい。

⑩自分を凌駕する部下を育てる

トヨタ式でもっとも大切なのが「人づくり」だ。「モノをつくる前に人をつくれ」はあらゆる部門に共通する。人を教え、指導し、育てるというのはトヨタの管理職にとってもっとも大切な使命でもある。上司が自分のコピーばかりを生み出していては、企業は成長しない。自分を凌駕するほどの部下を育てるのは、トヨタ式間接部門改革にとって、もっとも大切なこととなる。

summary

△ 変化のリスクはとらない

◎ 変化のリスクをとってでも前進せよ

あとがき

過日、広島で開かれた「サービス・イノベーション・セミナー」に講師として招かれて、大いに驚いた。サービス業の人たちがトヨタ式を実によく研究し、業務改善に役立てていたからである。サービス業の生産性は製造業に比べて低いと言われていたが、お客様とじかに接するだけに、改善がスピードアップしていることを知った。

ただ、こうした動きがあるとはいえ、日本の間接部門の人の多くは、お客様の姿が直接には見えないところで安穏としているのが現状だ。自分が変化と縁遠いまま、直接部門に改善の必要を説き、競争の厳しさを訴えても、ものごとは進まない。強い企業をつくりたいのなら、まず強い間接部門をつくることだ。本書で紹介した事例や考え方は、そのためのヒントである。

本書の執筆にあたっては、トヨタやトヨタグループの皆様はもちろん、カルマンを創業してから出会った多くの方々から、貴重なアドバイスをいただいた。また、企画、編集にあたっては、桑原晃弥氏、吉田宏氏のご尽力をいただいた。ともに深く感謝を捧げたい。

なお、本書に引用したエピソードや言葉の多くは、筆者のノートからの引用か、カルマンや旧知のトヨタOBが現役時代に見聞した話をもとにしているが、より正確を期すために、つぎの書籍や、新聞・雑誌の経済記事からも情報をいただいた。厚くお礼申し上げる。

〔参考文献〕

『トヨタ生産方式』大野耐一　ダイヤモンド社／『大野耐一の現場経営』大野耐一　日本能率協会マネジメントセンター／『工場管理』一九九〇年八月号　日刊工業新聞社／『決断』豊田英二　日経ビジネス人文庫／『豊田英二語録』豊田英二研究会　小学館文庫／『わたしは三河人』花井正八　自費出版／『トヨタシステムの原点』下川浩一・藤本隆宏編著　文眞堂／『トヨタ生産方式を創った男』野口恒　TBSブリタニカ／『トヨタ語の事典』柴田誠　日本実業出版社／『トヨタ経営システムの研究』日野三十四　ダイヤモンド社／『トヨタの方式』片山修　小学館文庫／『トヨタはいかにして「最強の社員」をつくったか』片山修　祥伝社／『誰も知らないトヨタ』片山修　幻冬舎／『トヨタの「できる社員」はこう考える』片山修　三笠書房／の『人間発見　私の経営哲学』日本経済新聞社編　日経ビジネス人文庫／『トヨタ式仕事の教科書』プレジデント編集部編　プレジデント社／『常に時流に先んずべし』PHP研究所編　PHP研究所／『トヨタの世界』中日新聞社経済部編　中日新聞社

PHP新書

PHP INTERFACE
http://www.php.co.jp/

若松義人［わかまつ・よしひと］

1937年宮城県生まれ。トヨタ自動車工業に入社後、生産、原価、購買の各部門で、大野耐一氏のもと「トヨタ生産方式」の実践、改善、普及に努める。91年韓国大宇自動車顧問。92年カルマン株式会社設立。現在同社社長、中国西安交通大学客員教授。
著書に『トヨタ流 自分を伸ばす仕事術』『トヨタ流「最強の社員」はこう育つ』『トヨタ流「改善力」の鍛え方』（以上、成美文庫）、『なぜトヨタは人を育てるのがうまいのか』『トヨタの上司は現場で何を伝えているのか』（以上、PHP新書）、『トヨタ式「改善」の進め方』（PHPビジネス新書）、『トヨタ流 最強社員の仕事術』（PHP文庫）、『先進企業の「原価力」』（PHPエディターズ・グループ）などがある。

トヨタの社員は机で仕事をしない（PHP新書526）
職場が変わる、成果があがる！

二〇〇八年五月三十日 第一版第一刷

著者——若松義人
発行者——江口克彦
発行所——PHP研究所
東京本部——〒102-8331 千代田区三番町3-10
新書出版部 ☎03-3239-6298（編集）
普及一部 ☎03-3239-6233（販売）
京都本部——〒601-8411 京都市南区西九条北ノ内町11
組版——株式会社編集社
装幀者——芦澤泰偉＋児崎雅淑
印刷所
製本所——図書印刷株式会社

ISBN978-4-569-70087-8

PHP新書刊行にあたって

「繁栄を通じて平和と幸福を」(PEACE and HAPPINESS through PROSPERITY)の願いのもと、PHP研究所が創設されて今年で五十周年を迎えます。その歩みは、日本人が先の戦争を乗り越え、並々ならぬ努力を続けて、今日の繁栄を築き上げてきた軌跡に重なります。

しかし、平和で豊かな生活を手にした現在、多くの日本人は、自分が何のために生きているのか、どのように生きていきたいのかを、見失いつつあるように思われます。そして、その間にも、日本国内や世界のみならず地球規模での大きな変化が日々生起し、解決すべき問題となって私たちのもとに押し寄せてきます。

このような時代に人生の確かな価値を見出し、生きる喜びに満ちあふれた社会を実現するために、いま何が求められているのでしょうか。それは、先達が培ってきた知恵を紡ぎ直すこと、その上で自分たち一人一人がおかれた現実と進むべき未来について丹念に考えていくこと以外にはありません。

その営みは、単なる知識に終わらない深い思索へ、そしてよく生きるための哲学への旅でもあります。弊所が創設五十周年を迎えましたのを機に、PHP新書を創刊し、この新たな旅を読者と共に歩んでいきたいと思っています。多くの読者の共感と支援を心よりお願いいたします。

一九九六年十月

PHP研究所